네모아저씨의

페이퍼 블레이드 deluxe 디럭스

네모아저씨 이원표 지음

슬로래빗

더욱 다양한 유닛, 더욱 많은 팽이를 즐겨요!

지난 6년간 해마다 겨울이 되면 새로운 팽이 25종을 한 권에 담아 출간했습니다. 그런데 그 겨울이 채 끝나기 전에 차기작이 언제 나오는지 물어 보시는 독자들이 많았습니다. 독자들께 많은 사랑을 받고 있어 기쁜 마음이 들면서도, 다른 한편으로는 독자들의 갈망을 모두 채워 드리지 못한 건 아닐까 염려되기도 했습니다. 새로운 팽이가 나오기를 손꼽아 기다리던 독자들이 더 오래, 더 재밌게 즐겼으면 하는 바람으로 이번 편에서는 총 30종의 팽이를 담았습니다. 언제나 넘치는 사랑을 주시는 독자들에 대한 작은 보답입니다.

유닛도 프레임 4종, 코어 5종, 그립 4종으로 《네모아저씨의 페이퍼 블레이드》 시리즈 전권을 통틀어 가장 많이 수록했습니다. 유닛 종류만 많아진 것이 아니라 유닛의 기본 구조부터 외형, 성능까지 한 걸음 더 나아간 것입니다. 그랜드 프레임은 프레임 기본형에서 파생하지 않고 완전히 새로운 방향으로 개발해 프레임에 대한 고정관념을 비틀었습니다.

코어 역시 그간 개발한 수많은 팽이로부터 아이디어를 집약해 유닛화한 것입니다. 스피어 코어는 뾰족한 창 모양이 사방으로 뻗어져 나가 멋스럽고, 블렌더 코어와 제트윙 코어는 이름 그대로 칼날과 날개 모양이 겹치며 화려함을 더합니다. 클램프 코어는 기존 코어의 틀을 벗어나지

않으면서도 세련된 문양을 보여 줍니다. 모든 코어는 프레임과 그립 사이에서 더욱 안정적인 결합과 회전을 유도합니다. 외형의 독특함 못지않게 성능에서의 변화도 이끌어 낸 것입니다.

새로 선보인 그립들 또한 혁신의 결과물입니다. '팽이 바닥을 얼만큼 밀어야 하는가?'를 끊임없이 고민한 결과, 저스트 그립과 메이저 그립이 탄생했습니다. 어떤 그립보다 가볍고 빠른 회전을 보장합니다. 터스크 그립은 절정의 화려함을 보여 줄 뿐만 아니라 코어의 옆부분을 가운데에서 밀어 주어 유닛의 결속력을 더욱 높였습니다. 클램프 그립은 코어를 탄탄히 받치면서도 손에 쥐기 쉬워 안정적인 회전을 도울 것입니다.

더 나은 성능과 외형을 계속 추구하다 보니 조금 어려워졌습니다. 하지만 시리즈를 꾸준히 사랑해 주신 독자분들이라면 새로 공개한 작품들 역시 금세 접어 내리라 믿어 의심치 않습니다. 더 나아가 새로운 유닛들을 활용해 자신만의 팽이를 창작하는 데 몰두하게 되리라 확신합니다. 독자 여러분들의 갈망을 조금이나마 해소한 지금, 저는 새롭게 불태울 장작을 쌓아 올리며 또 다른 갈망을 맞이하기 위해 준비하고 있겠습니다.

더 오래 더 재밌게
즐겨보세요!
네모아저씨 *lee.w.p.* ☺

차례

PART 1 공격형

PART 2 방어형

피치 소다 ° 74p

넛크래커 ° 78p

타우루스 ° 83p

레퀴엠 ° 88p

슈가 플라워 ° 93p

헤파이스토스 ° 97p

PART 3 스테미너형

헤스티아 ° 104p

썬더 퓨리 ° 109p

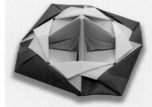

타나토스 ° 113p

쇼크웨이브 ° 117p

메두사 ° 121p

글레이셔 ° 126p

PART 4 밸런스형

드래곤 로드 ° 132p

드래곤 워리어 ° 136p

케라톱스 ° 141p

스피어 버스터 ° 146p

아킬레우스 ° 150p

스프라이트 ° 155p

PART 5 특수형

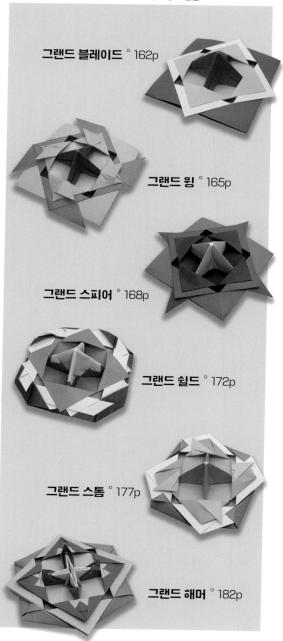

그랜드 블레이드 ° 162p

그랜드 윙 ° 165p

그랜드 스피어 ° 168p

그랜드 쉴드 ° 172p

그랜드 스톰 ° 177p

그랜드 해머 ° 182p

종이접기의 기본 방법과 기호

블레이드를 접을 때 필요한 기본 방법과 기호를 먼저 익혀 주세요.
기호에 맞게 모서리를 맞추고 다림질하듯 꼼꼼하게 눌러야 블레이드가 쌩쌩 잘 돌아갑니다!

✸ 계곡 접기

계곡 접기선이 계곡처럼 안으로 숨도록 앞으로 접어요.

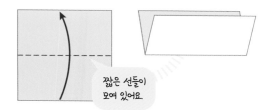

짧은 선들이 모여 있어요.

✸ 산 접기

산 접기선이 산처럼 밖으로 보이도록 뒤로 접어요.

짧은 선 사이에 점이 있어요.

✸ 접었다 펴기

접기선을 따라 앞이나 뒤로 접었다 펴서 보조선을 만들어요.

화살표가 시작점으로 다시 돌아가요.

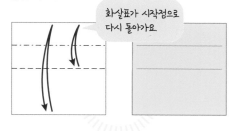

✸ 벌리며 접기

⇧ 틈을 벌려서 남색 화살표 방향으로 눌러 접어요.

접기선에 맞춰 눌러 접어요

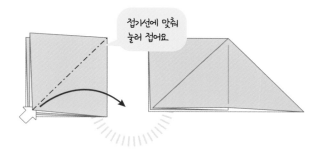

✸ 안으로 넣어 접기   접기선을 따라 종이 안으로 넣어서 접어요.

산 접기선이 앞면에, 계곡 접기선이 뒷면에 있어요

안으로 들어간 화살표는 점선으로 표시해요.

9

블레이드의 기본 유닛 소개

이 책에 소개된 블레이드는 프레임과 코어, 그립을 조립하여 만듭니다.
각 부품의 핵심 기능과 원리, 종류에 대해 먼저 알아보세요!

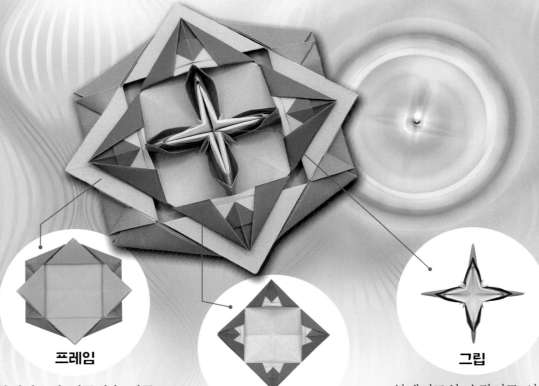

프레임

코어

그립

블레이드의 외골격을 이루는 유닛으로 블레이드 종류에 따라 모양과 성능이 달라집니다. 프레임 기본형을 활용한 전개형과 함몰형, 그랜드 프레임이 있습니다.

뒷면이 프레임 바닥을 밀어서 회전축을 만들고, 위로는 그립을 고정하는 유닛입니다. 코어 기본형, 블렌더 코어, 제트윙 코어, 스피어 코어, 클램프 코어가 있습니다.

블레이드의 손잡이로 사용하는 유닛입니다. 그립을 끼우면 팽이 바닥이 더욱 볼록하게 올라오면서 회전축이 강해집니다. 클램프 그립, 메이저 그립, 저스트 그립, 터스크 그립이 있습니다.

프레임 기본형

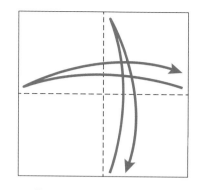

1 가로세로로 접었다 펴요.

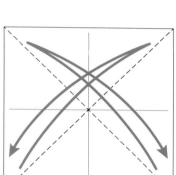

2 대각선으로 접었다 펴요.

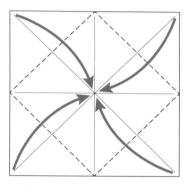

3 가운데에 맞춰 접어요.

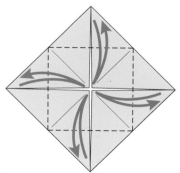

4 가운데에 맞춰 접었다 펴요.

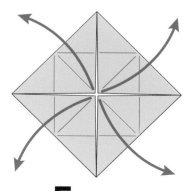

5 모두 펼쳐요.

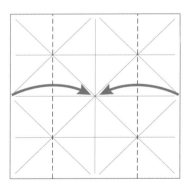

6 중심선에 맞춰 접어요.

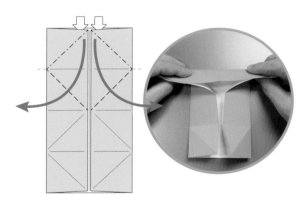

7 화살표 부분에 손가락을 넣어서
양쪽으로 벌리며 눌러 접어요.

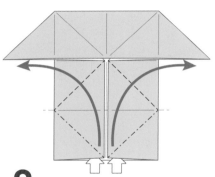

8 아래도 **7**과 마찬가지로 접어요.

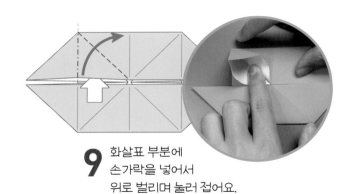

9 화살표 부분에
손가락을 넣어서
위로 벌리며 눌러 접어요.

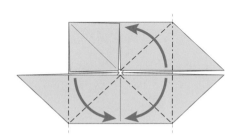

10 나머지 세 군데도
마찬가지로 접어요.

프레임 기본형 완성!

■ 프레임 전개형

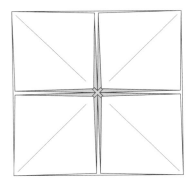

1 프레임 기본형(11p)을 접어요.

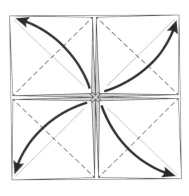

2 밖으로 벌려 접어요.

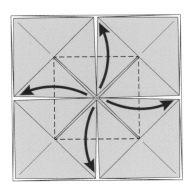

3 한 번 더 밖으로 벌려 접어요.

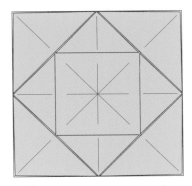

프레임 전개형 완성!

프레임 함몰형

1 프레임 기본형(11p)을 접어요.

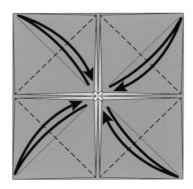

2 모서리에 맞춰 접었다 펴요.

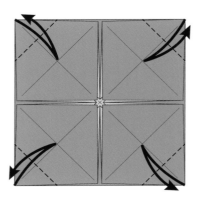

3 보조선에 맞춰 접었다 펴요.

14

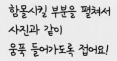
함몰시킬 부분을 펼쳐서
사진과 같이
움푹 들어가도록 접어요!

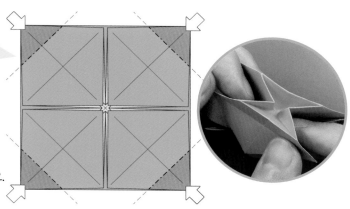

4 어두운 부분을
함몰 접기로 집어넣어요.

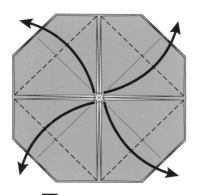

5 밖으로 벌려 접어요.

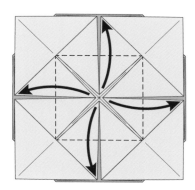

6 한 번 더 밖으로 벌려 접어요.

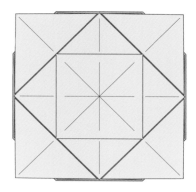

프레임 함몰형 완성!

그랜드 프레임

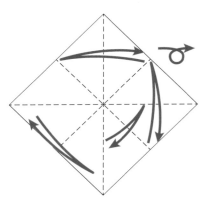

1 가로세로, 대각선으로 접었다 편 다음, 뒤집어요.

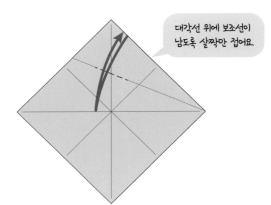

대각선 위에 보조선이 남도록 살짝만 접어요.

2 대각선에 맞춰 접었다 펴요.

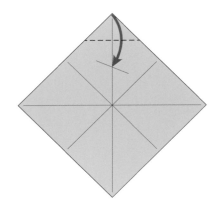

3 보조선이 만나는 곳에 맞춰 접어요.

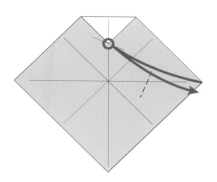

4 모서리가 ◯에 만나도록
접었다 펴요.

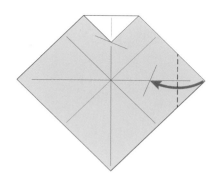

5 보조선이 만나는 곳에 맞춰 접어요.

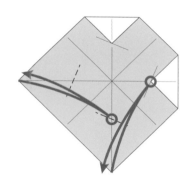

6 나머지 두 군데도 **4~5**
과정대로 접어요.

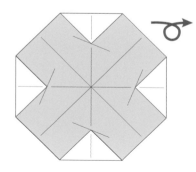

7 뒤집어요.

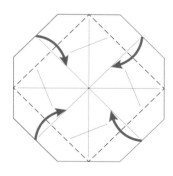

8 안쪽으로 접어요.

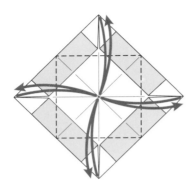

9 가운데에 맞춰 접었다 펴요.

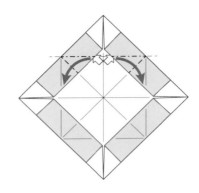

10 화살표 부분에 손가락을 넣어서 양쪽으로 벌리며 눌러 접어요.

11 안으로 넣어 접어서 사각 주머니를 만들어요.

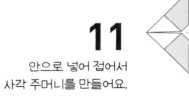

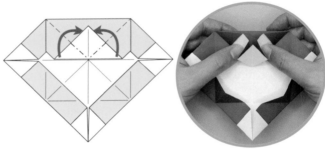

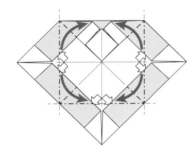

12 나머지 세 군데도 **10~11** 과정대로 접어요.

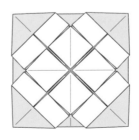

그랜드 프레임 완성

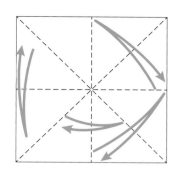

코어 기본형

1 가로세로, 대각선으로 접었다 펴요.

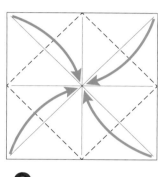

2 가운데에 맞춰 접어요.

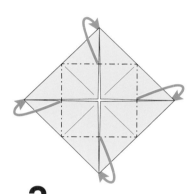

3 뒤쪽으로 산 접기를 해요.

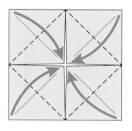

4 한 번 더 가운데에 맞춰 접어요.

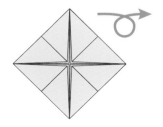

5 뒤집어요.

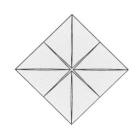

코어 기본형 완성!

블렌더 코어

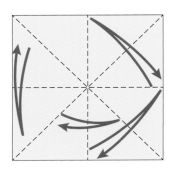

1 가로세로, 대각선으로 접었다 펴요.

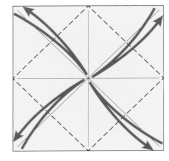

2 가운데에 맞춰 접었다 펴요.

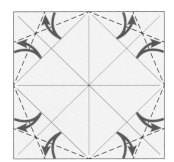

3 보조선에 맞춰 접었다 펴요.

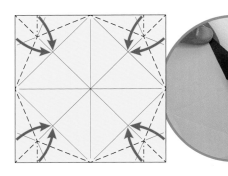

4 양쪽을 오므려서 튀어나온 부분을 위아래로 넘겨 접어요.

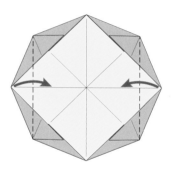

5 양옆을 가운데 방향으로
접어요.

6 반대쪽으로 넘겨 접어요.

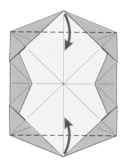

7 위아래를 가운데
방향으로 접어요.

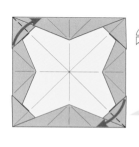

튀어나온 부분이
모두 시계 방향을
향하게 만들어요.

8 두 군데를 반대쪽으로 넘긴
다음, 방향을 돌려요.

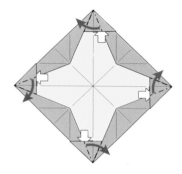

9 화살표 부분에 손가락을 넣어서
반대쪽으로 벌리며 눌러 접어요.

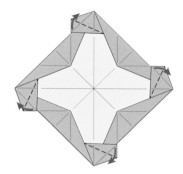

10 윗겹만 바깥쪽으로 접어요.

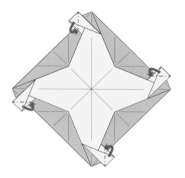

11 보조선대로 뒤쪽 틈으로
산 접기를 해요.

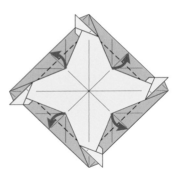

12 가장자리에 맞춰 접어요.

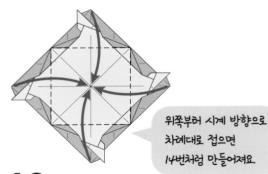

13 가운데에 맞춰 접어요.

위쪽부터 시계 방향으로 차례대로 접으면 14번처럼 만들어져요.

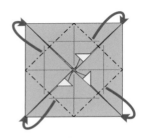

14 뒤쪽으로 산 접기를 해요.

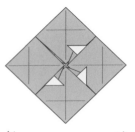

블렌더 코어 완성!

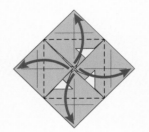

블렌더 코어의 윗겹을 벌려 접으면 칼날 모양이 나와요.

제트윙 코어

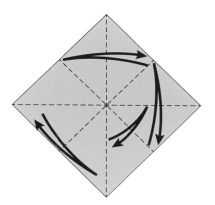

1 가로세로, 대각선으로
접었다 펴요.

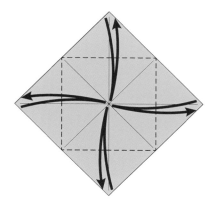

2 가운데에 맞춰 접었다 펴요.

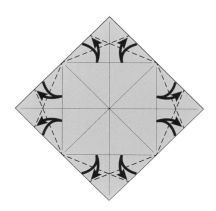

3 보조선에 맞춰 접었다 펴요.

4
양쪽을 오므려서
튀어나온 부분을
한쪽으로 넘겨 접어요.

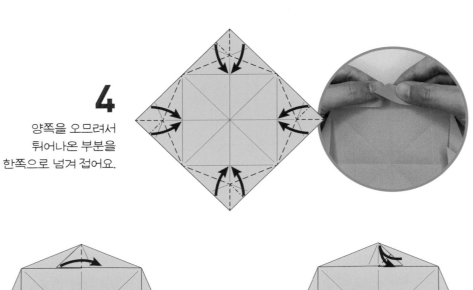
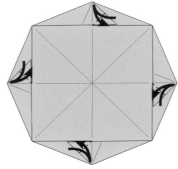

5 반대쪽으로 넘겨 접어요.

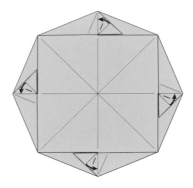

6 모서리에 맞춰 접었다 펴요.

7 접었다 편 보조선이 세로 보조선에
만나도록 접어요.

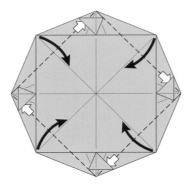

8 화살표 안쪽 틈으로 접어요.

24

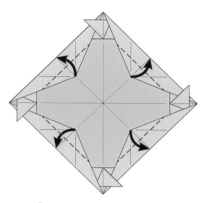

9 가장자리에 맞춰 접어요.

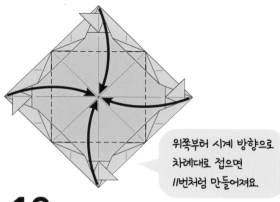

10 가운데에 맞춰 접어요.

위쪽부러 시계 방향으로
차례대로 접으면
11번처럼 만들어져요.

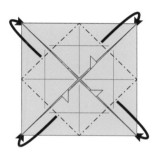

11 뒤쪽으로 산 접기를 해요.

제트윙 코어 완성

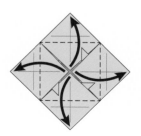

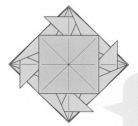

제트윙 코어의 윗겹을
벌려 접으면
날개 모양이 나와요

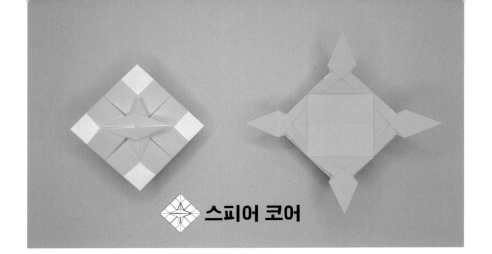

스피어 코어

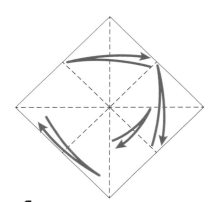

1 가로세로, 대각선으로 접었다 펴요.

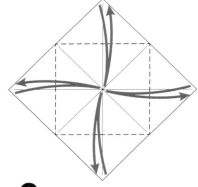

2 가운데에 맞춰 접었다 펴요.

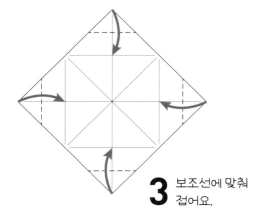

3 보조선에 맞춰 접어요.

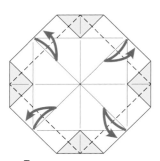

4 안쪽으로 접었다 펴요.

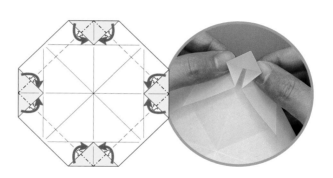

5 접었다 편 부분을 안으로
넣어 접어요.

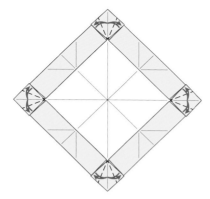

6 보조선에 맞춰 접었다 펴요.

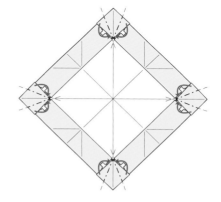

7 안으로 넣어 접어서
뾰족한 창 모양을 만들어요.

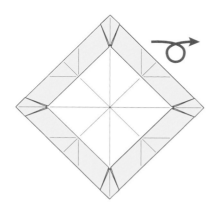

8 뒤집어요.

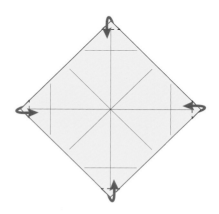

9 뒤쪽의 창 모양을 앞으로
넘기며 접어요.

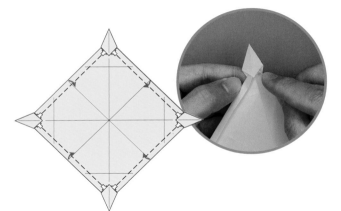

10 화살표 안쪽 틈으로 접어 넣어요.

11 가운데 방향으로 접어요.

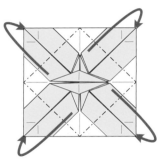

12 뒤쪽으로
산 접기를 해요.

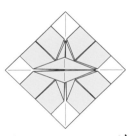

스피어 코어 완성!

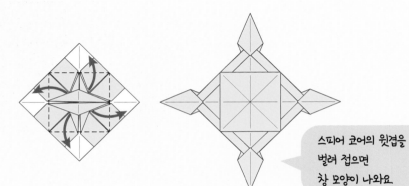

스피어 코어의 윗겹을
벌려 접으면
창 모양이 나와요

메이저 그립

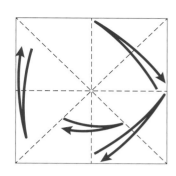

1 가로세로, 대각선으로 접었다 펴요.

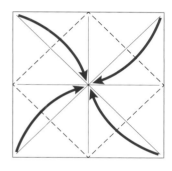

2 가운데에 맞춰 접어요.

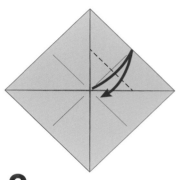

3 가장자리에 맞춰 접었다 펴요.

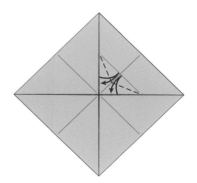

4 보조선에 맞춰 접었다 펴요.

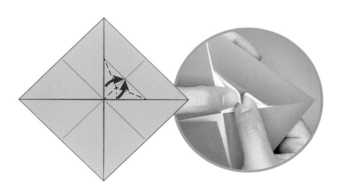

5 양쪽을 오므려서 튀어나온 부분을 한쪽으로 넘겨 접어요.

33

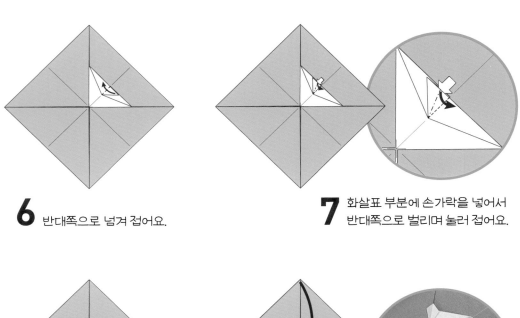

6 반대쪽으로 넘겨 접어요.

7 화살표 부분에 손가락을 넣어서
반대쪽으로 벌리며 눌러 접어요.

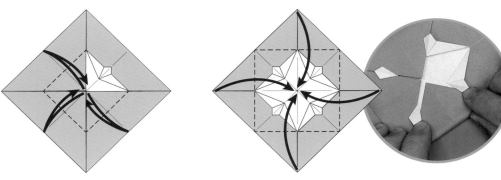

8 나머지 세 군데도 **3~7**
과정대로 접어요.

9 작은 사각형 아래쪽 틈으로
넣으며 가운데에 맞춰 접어요.

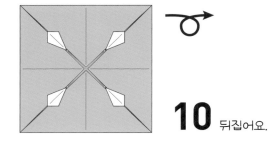

10 뒤집어요.

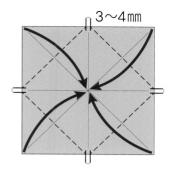

3~4mm

11 3~4mm 정도 띄우고 가운데 방향으로 접어요.

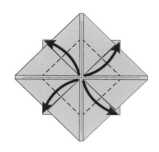

12 튀어나온 끝부분에 맞춰 밖으로 벌려 접어요.

13 뒤집어요.

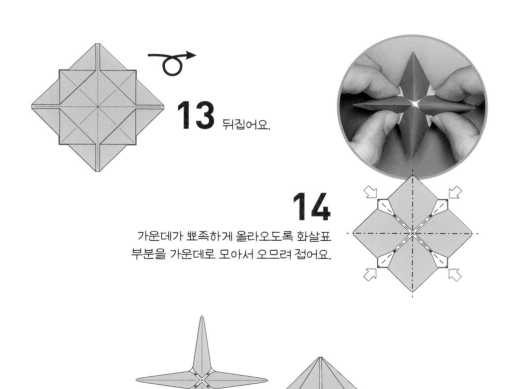

14 가운데가 뾰족하게 올라오도록 화살표 부분을 가운데로 모아서 오므려 접어요.

메이저 그립 완성!

저스트 그립

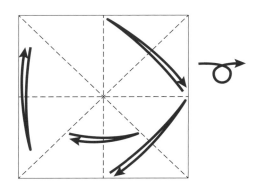

1 가로세로, 대각선으로 접었다 편 다음, 뒤집어요.

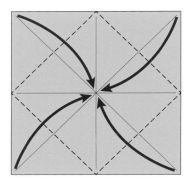

2 가운데에 맞춰 접어요.

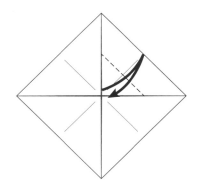

3 가장자리에 맞춰 접었다 펴요.

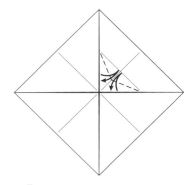

4 보조선에 맞춰 접었다 펴요.

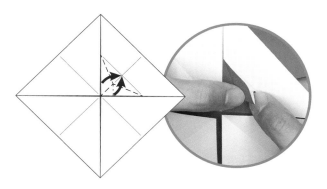

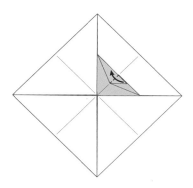

5 양쪽을 오므려서 튀어나온 부분을
한쪽으로 넘겨 접어요.

6 반대쪽으로 넘겨 접어요.

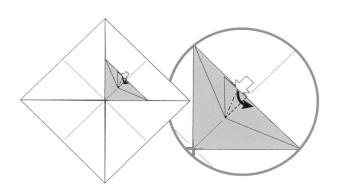

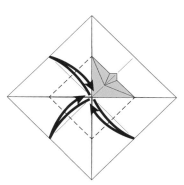

7 화살표 부분에 손가락을 넣어서
반대쪽으로 벌리며 눌러 접어요.

8 나머지 세 군데도 **3~7**
과정대로 접어요.

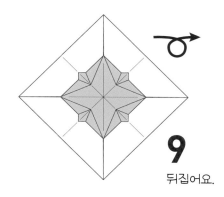

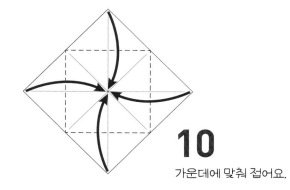

9
뒤집어요.

10
가운데에 맞춰 접어요.

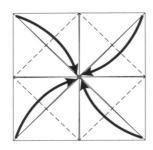

11 한 번 더 가운데에 맞춰 접어요.

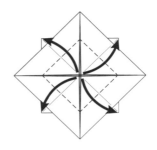

12 튀어나온 끝부분에 맞춰
밖으로 벌려 접어요.

13 뒤집어요.

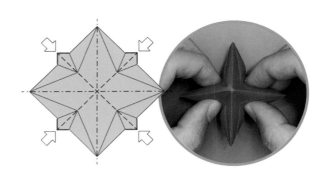

14 가운데가 뾰족하게 올라오도록 화살표 부분을
가운데로 모아서 오므려 접어요.

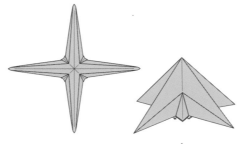

저스트 그립 완성!

터스크 그립

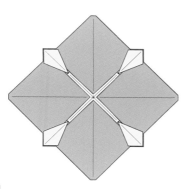

1 메이저 그립(33p) **13**번까지 접어요.

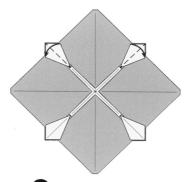

2 양쪽으로 넘겨 접어요.

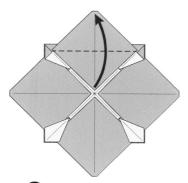

3 밖으로 벌려 접어요.

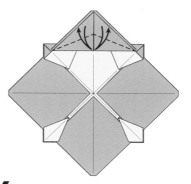

4 안쪽 가장자리에 맞춰 접었다 펴요.

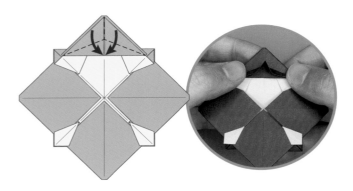

5

양쪽을 오므려서
가운데가 뾰족하게
올라오게 해요.

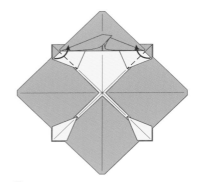

6 작은 사각형을 다시 넘겨서 덮어요.

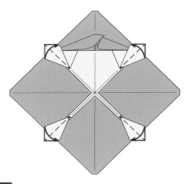

7 나머지 세 군데도 2~6 과정대로 접어요.

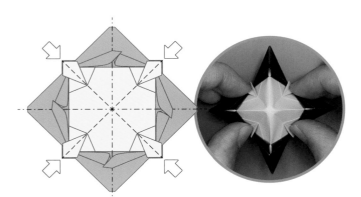

8

가운데가 뾰족하게 올라오도록
화살표 부분을 가운데로
모아서 오므려 접어요.

터스크 그립 함몰접기

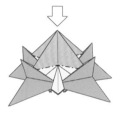

9 가운데 부분이 함몰되도록
집어넣어요.

엄니처럼 솟은 장식이
코어에 더욱 단단히
고정되도록 도와요!

터스크 그립 완성!

팽이로 노는 방법

팽이 노는 법

✿ 누가누가 오래 돌리나~ ✿

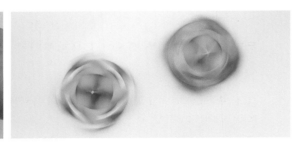

동시에 팽이를 돌리기 시작해서 누가 더 오래 돌리나 겨뤄 보세요. 한 판을 이기면 1점씩 얻어서 10점을 먼저 내는 사람이 이기는 경기도 좋고, 오래 돌리는 사람이 상대의 팽이를 가져가는 경기도 흥미진진합니다. 혼자서 한다면 양손으로 돌려도 재밌어요!

TIP 더 오래 도는 팽이를 접으려면 꼼꼼하게 접도록 합니다. 1mm 오차도 없이 접으면 한쪽으로 치우치지 않고, 마찰력도 최소화되기 때문에 오래 잘 도는 팽이를 만들 수 있어요.

✿ 빨대로 폐활량 배틀! ✿

팽이를 입으로 불면 바람이 퍼지지만, 빨대로 불면 바람이 모여서 돌리고 싶은 방향으로 팽이를 돌릴 수 있어요. 폐활량이 닿는 한 무한으로요! 팽이를 손으로 돌린 다음 빨대로 불어서 계속 돌아가게 하면 된답니다. 단, 침이 나오지 않게 조심하세요~

✿ 이제는 종이 팽이 배틀이다! ✿

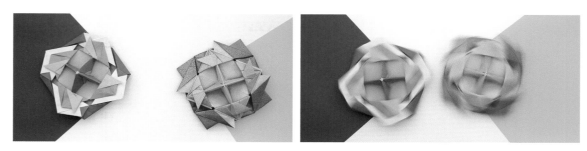

종이 팽이로도 팽이 배틀을 할 수 있어요. 색종이를 팽이 놀이판으로 삼아서 그 위에서 팽이를 돌린 다음, 색종이를 움직여서 서로 부딪치면 된답니다. 상대 팽이의 회전을 멈추게 하는 쪽이 승리!

TIP 부딪쳐서 이기려면 힘이 강해야 해요. 힘은 무게에 비례하기 때문에 원지평량(단위 면적당 무게)이 높은 색종이가 좋습니다. 색종이의 품질표시 부분을 살펴보면 일반 색종이의 원지평량이 $60g/m^2$인데, 그보다 두꺼운 색종이를 시중에서 구할 수 있어요. (종이나라 레인보우색종이는 $75g/m^2$, 양면다른무늬색종이는 $80g/m^2$)

✿ 릴레이 돌리기 ✿

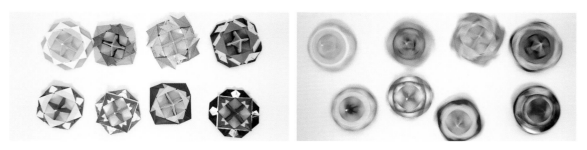

한꺼번에 여러 개의 팽이를 놓고 릴레이로 돌려도 재밌어요. 정해진 시간 동안 얼마나 많은 팽이를 돌릴 수 있는지, 혹은 시간 종료 후까지 계속 돌아가는 팽이의 개수를 세며 내기해 보세요!

TIP 팽이끼리 서로 부딪치면 회전을 멈추게 됩니다. 따라서 여러 개를 한꺼번에 돌리려면 팽이를 너무 가깝게 놓지 않도록 합니다.

버서커

이터널 스타

디오니소스

팝핑 캔디

에어스크류

듀얼 소드

01 버서커
Berserker

곰의 가죽을 둘러쓰고
신들린 듯 나아가는
용맹한 북/유/럽/전/사

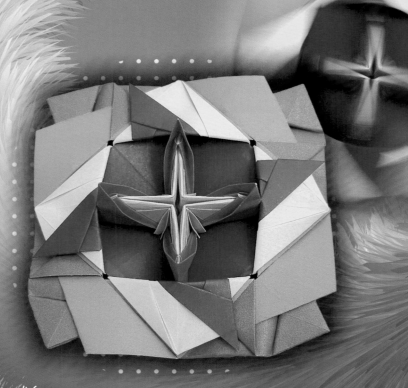

공격력 ★★★★★
방어력 ★★★★★
지구력 ★★★★★
균형감 ★★★★★

프레임
전개형

블렌더
코어

터스크
그립

46

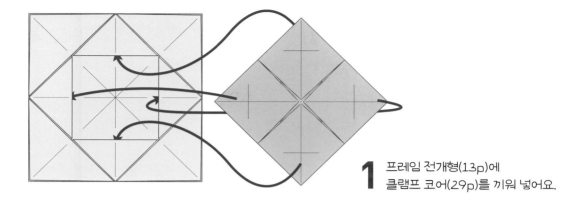

1 프레임 전개형(13p)에
클램프 코어(29p)를 끼워 넣어요.

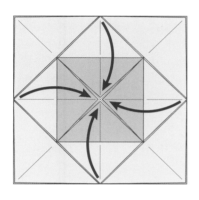

2 벌려 접었던 프레임 부분을 펴서 덮어요.

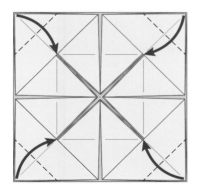

3 윗겹이 안쪽 가장자리에
만나도록 접어요.

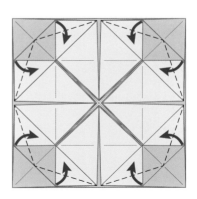

4 비스듬히 접어 내려요.

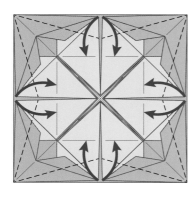

5 보조선에 맞춰 접어요.

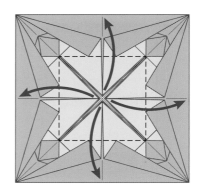

6 프레임과 코어를 한꺼번에 밖으로 벌려 접어요.

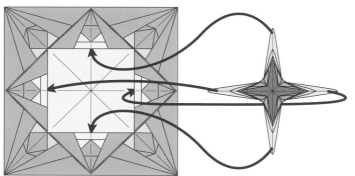

7 터스크 그립(39p)을 끼워 넣어요.

완성!!

03 디오니소스
Dionysos

포도 넝쿨 왕관을 쓰고
발그레한 얼굴로 다가온
풍요의 신, 디/오/니/소/스

공격력 ★★★★☆
방어력 ★★★★★
지구력 ★★★☆☆
균형감 ★★★★☆

프레임
전개형

스피어
코어

클램프
그립

53

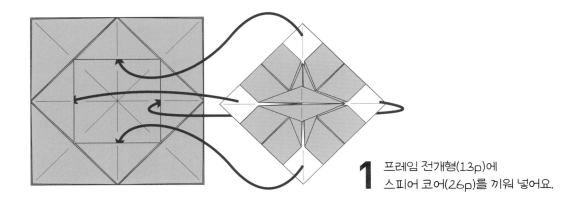

1 프레임 전개형(13p)에
스피어 코어(26p)를 끼워 넣어요.

2 벌려 접었던 프레임 부분을 모두 펴서 덮어요.

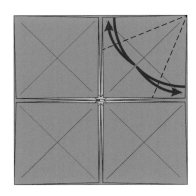

3 대각선에 맞춰 접었다 펴요.

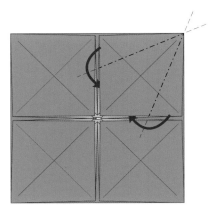

4 안으로 넣어 접어요.

5 보조선이 만나는 곳에 맞춰 접어요.

6 한 겹만 대각선에 맞춰 접었다 펴요.

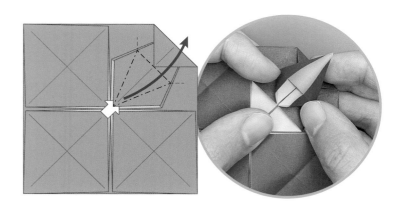

7 화살표 부분에 손가락을 넣어서
밖으로 벌리며 눌러 접어요.

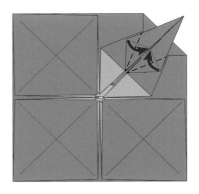

8 모서리에 맞춰 접어요.

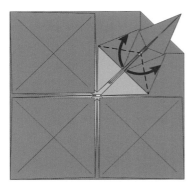

9 밖으로 최대한 벌려 접어요.

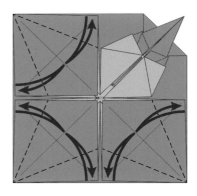

10 나머지 세 군데도 **3~9** 과정대로
접어요.

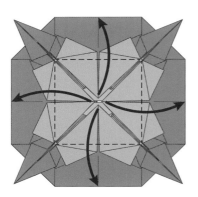

11 프레임을 밖으로
벌려 접어요.

12

코어를 밖으로 벌려 접어요.

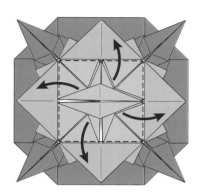

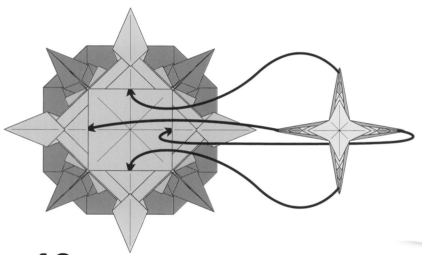

13 클램프 그립(32p)을 끼워 넣어요.

완성!!

04 팝핑 캔디
Popping Candy

입속에서 톡톡 터지며
혀를 간지럽히는
경쾌함과 달콤함의 이 / 중 / 주

공격력 ★★★★★
방어력 ★★★★★
지구력 ★★★★★
균형감 ★★★★★

프레임
함몰형

스피어
코어

클램프
그립

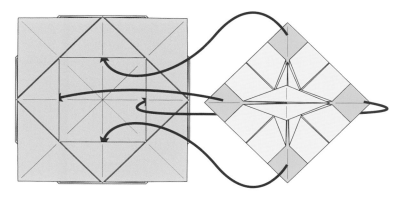

1 프레임 함몰형(14p)에
스피어 코어(26p)를 끼워 넣어요.

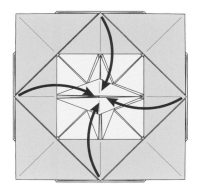

2 벌려 접었던 프레임 부분을
펴서 덮어요.

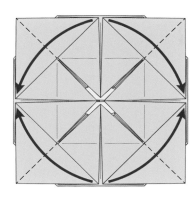

3 양옆으로 넘겨 접어요.

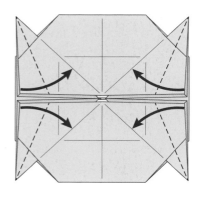

4 한 겹만 대각선에 맞춰 접어요.

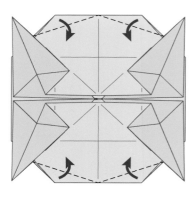

5 비스듬히 접어요.

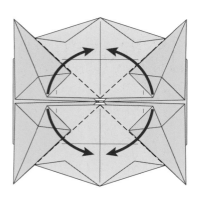

6 위아래로 넘겨 접어요.

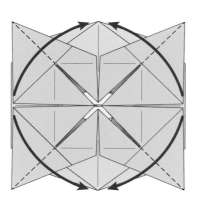

7 위아래로 넘겨 덮어요.

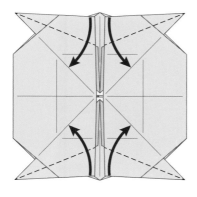

8 대각선에 맞춰 접어요.

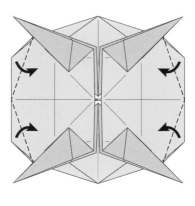

9 비스듬히 접어요.

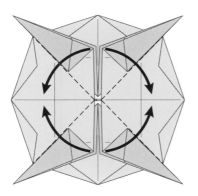

10 양옆으로 넘겨 접어요.

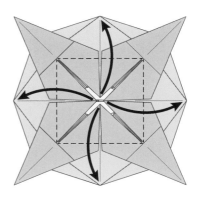

11 프레임을 밖으로 벌려 접어요.

12

코어를 밖으로 벌려 접어요.

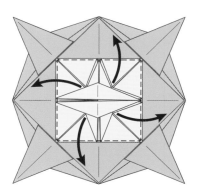

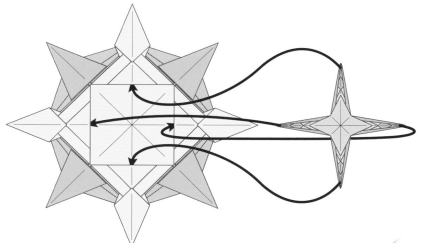

13 클램프 그립(32p)을 끼워 넣어요.

완 성!!

05 에어스크류
AirScrew

무거운 동체도
깃털처럼 가볍게 밀어 올리는
기운찬 소/용/돌/이

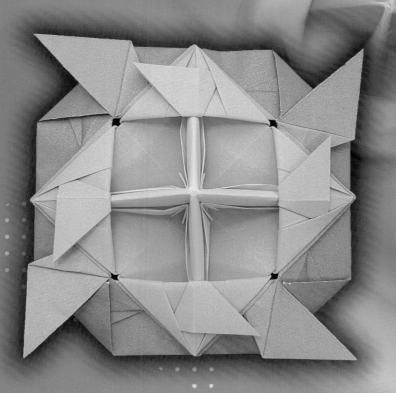

공격력 ★★★★☆
방어력 ★★★★★
지구력 ★★★★☆
균형감 ★★★★☆

프레임
전개형

제트윙
코어

저스트
그립

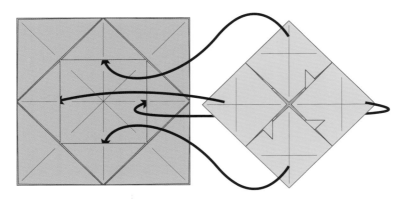

1 프레임 전개형(13p)에
제트윙 코어(23p)를 끼워 넣어요.

2 벌려 접었던 프레임 부분을 모두 펴서 덮어요.

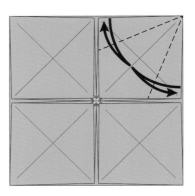

3 대각선에 맞춰 접었다 펴요.

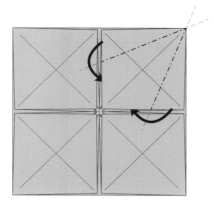

4 안으로 넣어 접어요.

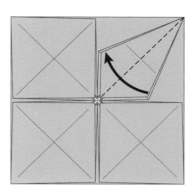

5 한 겹만 넘겨 접어요.

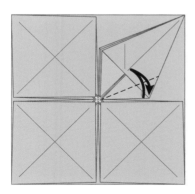

6 대각선에 맞춰 접었다 펴요.

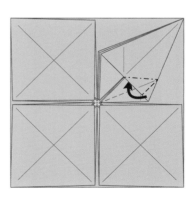

7 안으로 넣어 접어요.

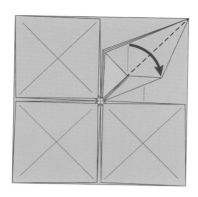

8 두 겹을 시계 방향으로 넘겨요.

9 대각선에 맞춰 접었다 펴요.

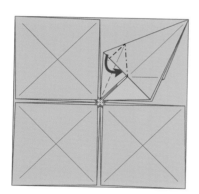

10 안으로 넣어 접어요.

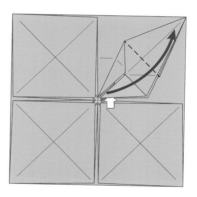

11 밖으로 넘겨 접어요.

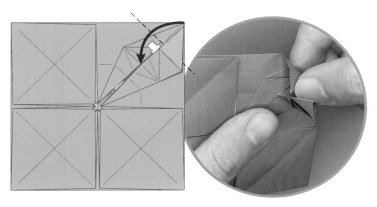

12 뒤쪽 겹을 화살표 안쪽 틈으로 접어 넣어요.

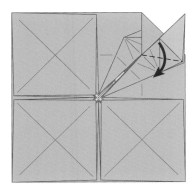

13 한 겹만 벌려 접어요.

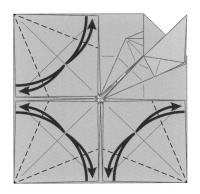

14 나머지 세 군데도 **3~13** 과정대로 접어요.

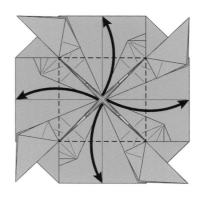

15 프레임을 밖으로 벌려 접어요.

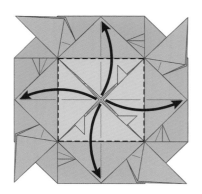

16 코어를 밖으로 벌려 접어요.

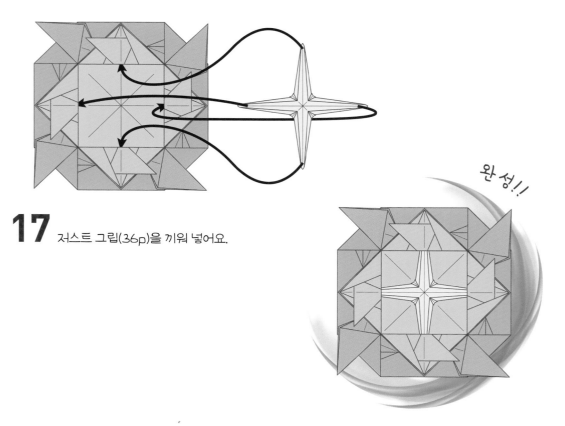

17 저스트 그립(36p)을 끼워 넣어요.

완성!!

06 듀얼 소드
Dual Sword

최선의 방어는 공격인가!
두 개의 검을 펼치고
맹렬히 돌진하는 열/혈/전/사

공격력	★★★★★
방어력	★★★★★
지구력	★★★★★
균형감	★★★★★

프레임
함몰형

클램프
코어

메이저
그립

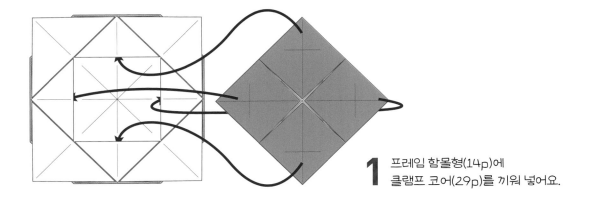

1 프레임 함몰형(14p)에
클램프 코어(29p)를 끼워 넣어요.

2 벌려 접었던 프레임 부분을
모두 펴서 덮어요.

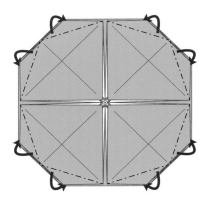

3 한 겹만 뒤쪽 틈으로
산 접기를 해요.

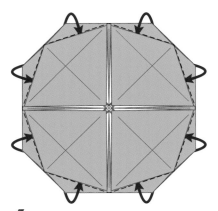

4 남은 겹을 앞쪽 틈으로 접어 넣어요.

5 마주 보는 두 부분을
밖으로 벌려 접어요.

70

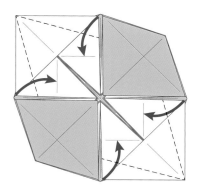

6 모서리를 보조선에 맞춰 접어요.

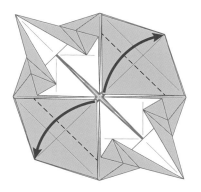

7 모서리에 맞춰 벌려 접어요.

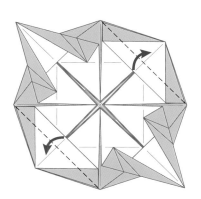

8 뒤쪽 보조선을 따라
밖으로 벌려 접어요.

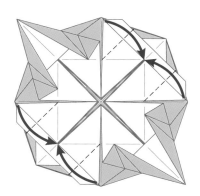

9 대각선 방향으로 모아 접어요.

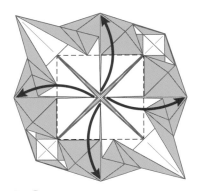

10 프레임을 밖으로 벌려 접어요.

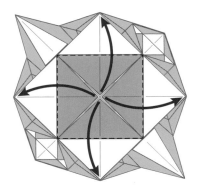

11 코어를 밖으로 벌려 접어요.

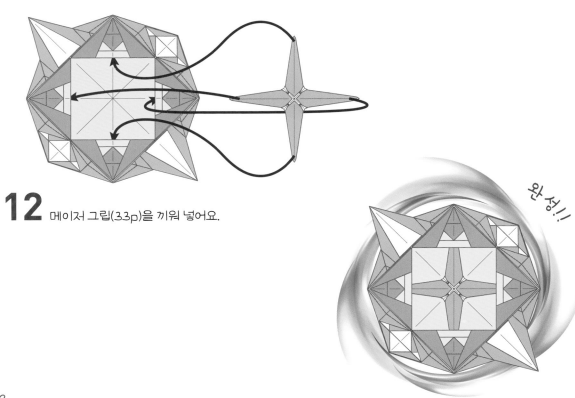

12 메이저 그립(33p)을 끼워 넣어요.

완성!!

피치 소다

넛크래커

타우루스

레퀴엠

슈가 플라워

헤파이스토스

01
피치 소다
Peach Soda

발간 속살에 여름 햇살을 품고
탄산 사이로 스며든
향긋한 여/름/의/맛

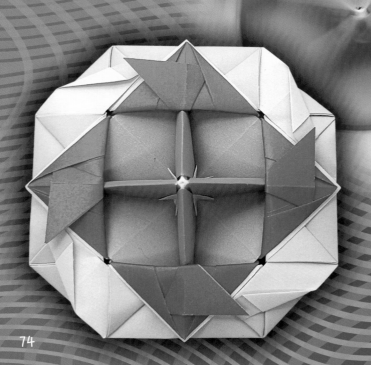

공격력 ★★★★★
방어력 ★★★★★
지구력 ★★★★★
균형감 ★★★★☆

프레임   제트윙   메이저
전개형   코어   그립

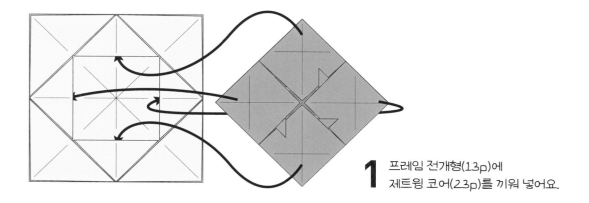

1 프레임 전개형(13p)에
제트윙 코어(23p)를 끼워 넣어요.

2 벌려 접었던 프레임 부분을 모두 펴서 덮어요.

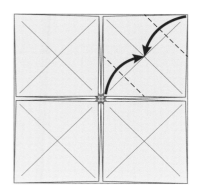

3 보조선이 만나는 곳에
맞춰 접어요.

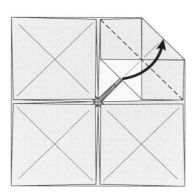

4 밖으로 벌려 접어요.

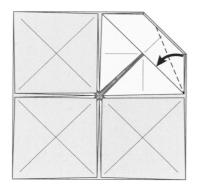

5 한 겹만 안쪽 가장자리에
맞춰 접어요.

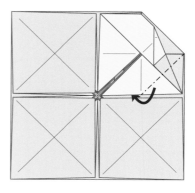

6 뒤쪽 틈으로 산 접기를 해요.

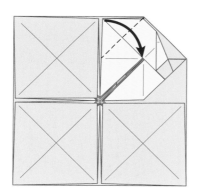

7 대각선 방향으로 접어요.

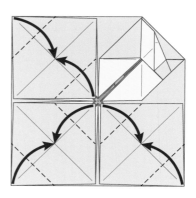

8 나머지 세 군데도
3~7 과정대로 접어요.

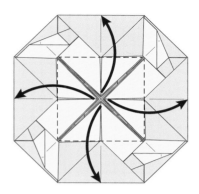

9 프레임을 밖으로 벌려 접어요.

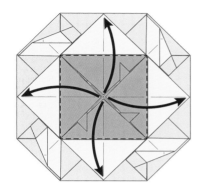

10 코어를 밖으로 벌려 접어요.

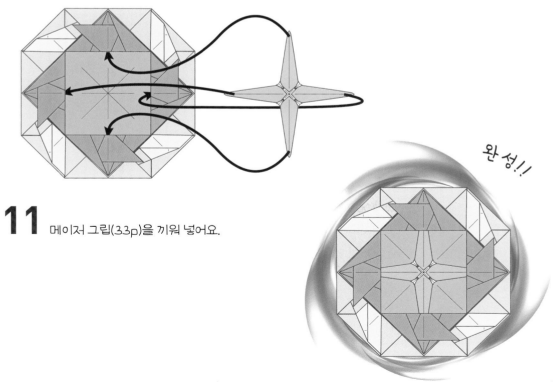

11 메이저 그립(33p)을 끼워 넣어요.

완 성!!

02 넛크래커
Nutcracker

크리스마스에 찾아온
호두까기 인형의 발레처럼
우아하고도 웅/장/하/다

공격력	★★★★☆
방어력	★★★★★
지구력	★★★★★
균형감	★★★★★

프레임
전개형

코어
기본형

러스크
그린

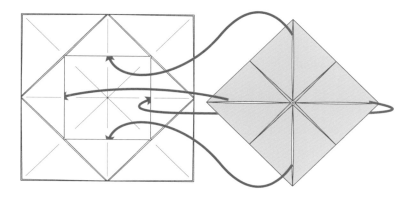

1 프레임 전개형(13p)에
코어 기본형(19p)을 끼워 넣어요.

2 벌려 접었던 프레임 부분을
모두 펴서 덮어요.

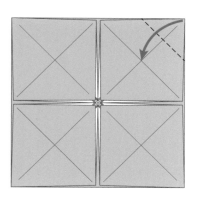

3 보조선이 만나는 곳에
맞춰 접어요.

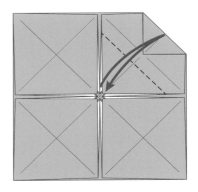

4 가장자리에 맞춰 접었다 펴요.

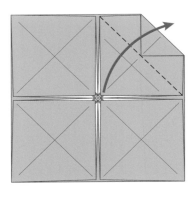

5 밖으로 벌려 접어요.

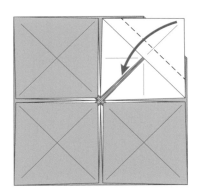

6 접었다 선 보조선대로 접어요.

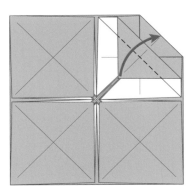

7 가장자리에 맞춰 접어요.

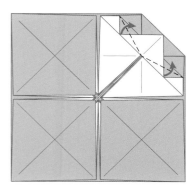

8 비스듬히 벌려 접어요.

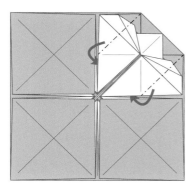

9 뒤쪽 틈으로 산 접기를 해요.

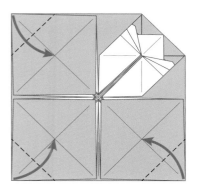

10 나머지 세 군데도 **3~9** 과정대로 접어요.

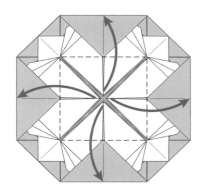

11 프레임을 밖으로 벌려 접어요.

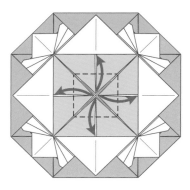

12 코어를 프레임 안쪽 경계에 맞춰 접어요.

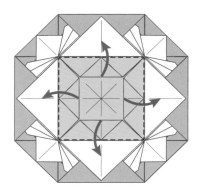

13 코어를 밖으로 벌려 접어요.

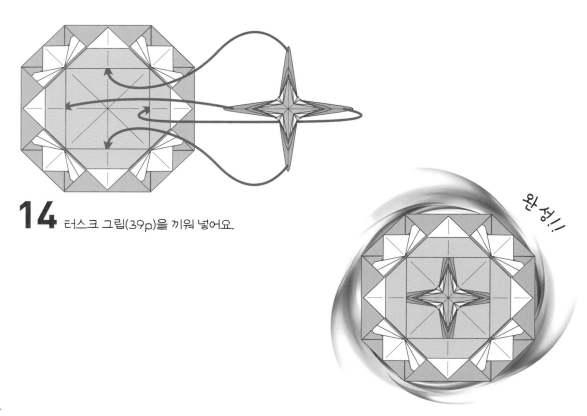

14 터스크 그립(39p)을 끼워 넣어요.

완성!!

03 타우루스
Taurus

커다란 뿔을 곧추세우고
우렁차게 포효하는
황소처럼 전 / 진 / 하 / 라

공격력 ★★★★☆
방어력 ★★★★★
지구력 ★★★★☆
균형감 ★★★★☆

프레임
전개형

블렌더
코어

메이저
그립

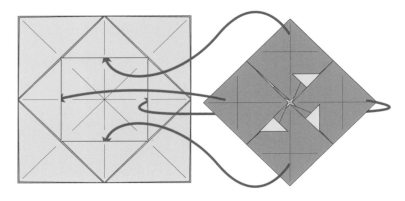

1 프레임 전개형(13p)에
블렌더 코어(20p)를 끼워 넣어요.

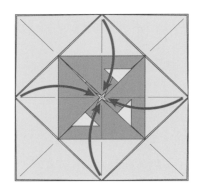

2 벌려 접었던 프레임 부분을
펴서 덮어요.

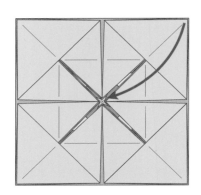

3 프레임을 덮어요.

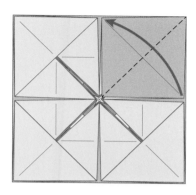

4 시계 반대 방향으로 넘겨요.

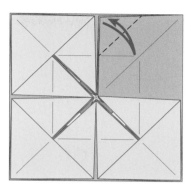

5 대각선에 맞춰 한 겹만
접었다 펴요.

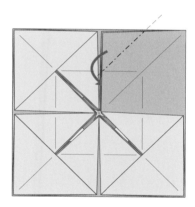

6 안으로 넣어 접어요.

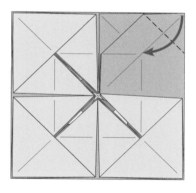

7 모서리를 가운데 방향으로
접어요.

85

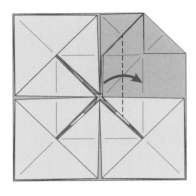

8 한 겹을 보조선에 맞춰 접어요.

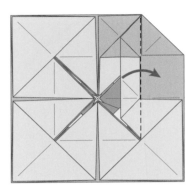

9 밖으로 벌려 접어요.

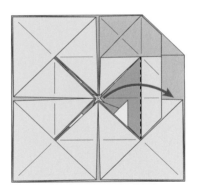

10 코어 한 겹을 꺼내 밖으로 벌려 접어요.

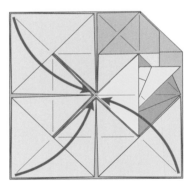

11 나머지 세 군데도 **3~10** 과정대로 접어요.

12

프레임을 코어 안쪽 틈으로
비스듬히 접어 넣어요.

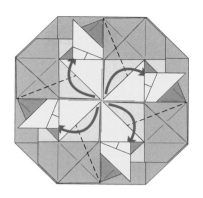

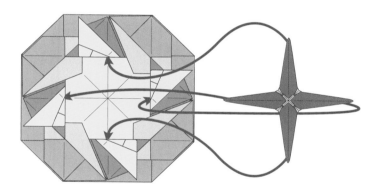

13 메이저 그립(33p)을 끼워 넣어요.

완성!!

04 레퀴엠 Requiem

먼 길 걸어온 이에게 건네는
따뜻한 위로의 노래,
불멸의 안식을 위한 멜/로/디

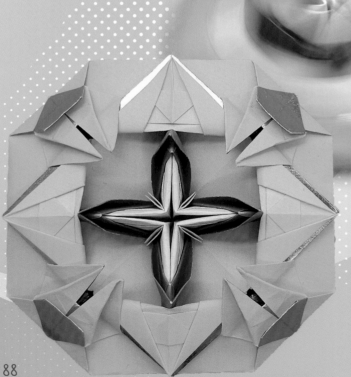

공격력	★★★★☆
방어력	★★★★☆
지구력	★★★★★
균형감	★★★★☆

프레임
전개형

클램프
코어

러스트
그립

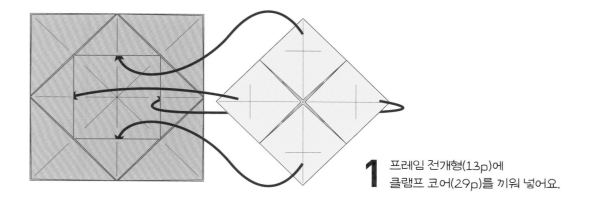

1 프레임 전개형(13p)에
클램프 코어(29p)를 끼워 넣어요.

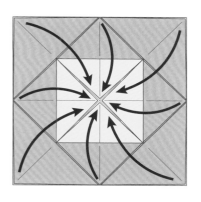

2 벌려 접었던 프레임 부분을 모두 펴서 덮어요.

3 대각선에 맞춰 접었다 펴요.

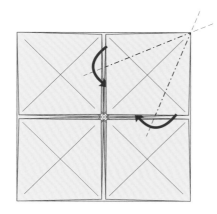

4 안으로 넣어 접어요.

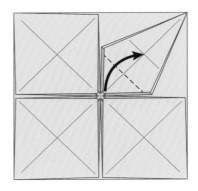

5 보조선이 만나는 곳에 맞춰 접어요.

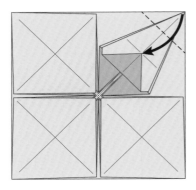

6 방금 접은 끝에 맞춰 접어요.

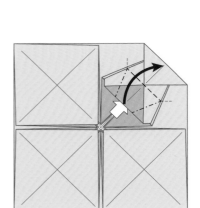

7 화살표 부분에 손가락을 넣어서 밖으로 벌리며 눌러 접어요.

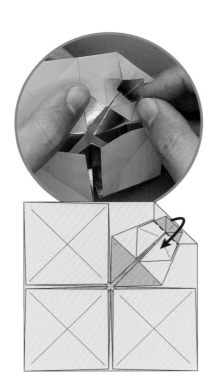

8 뒤쪽 겹을 꺼내며 접어요.

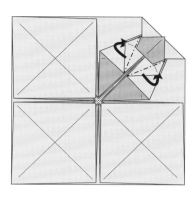

9 뒤쪽 틈으로 산 접기를 해요.

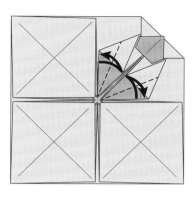

10 모서리에 맞춰 접었다 펴요.

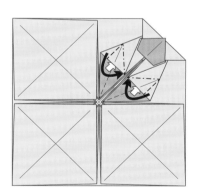

11 안으로 넣어 접어요.

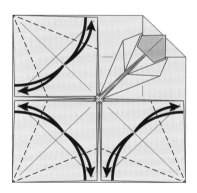

12 나머지 세 군데도 **3~11** 과정대로 접어요.

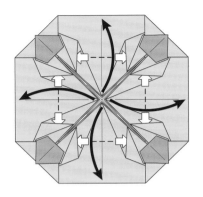

13 프레임을 화살표 안쪽 틈으로 넣으며 벌려 접어요.

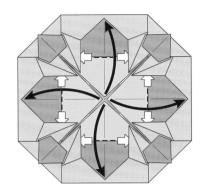

14 코어를 화살표 안쪽 틈으로 넣으며 벌려 접어요.

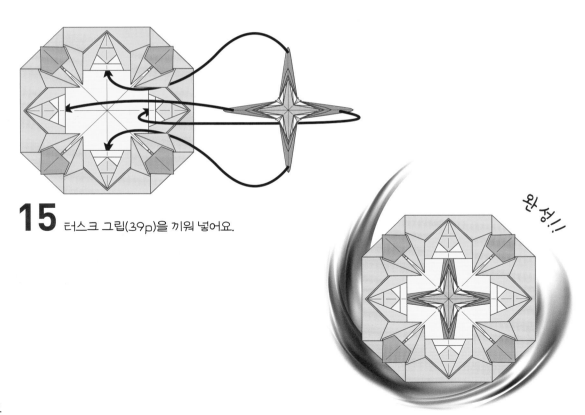

15 터스크 그립(39p)을 끼워 넣어요.

완성!!

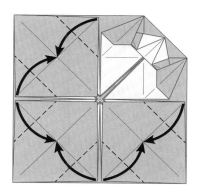

12 나머지 세 군데도 **3~11** 과정대로 접어요.

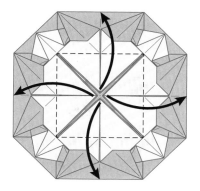

13 프레임과 코어를 한꺼번에 밖으로 벌려 접어요.

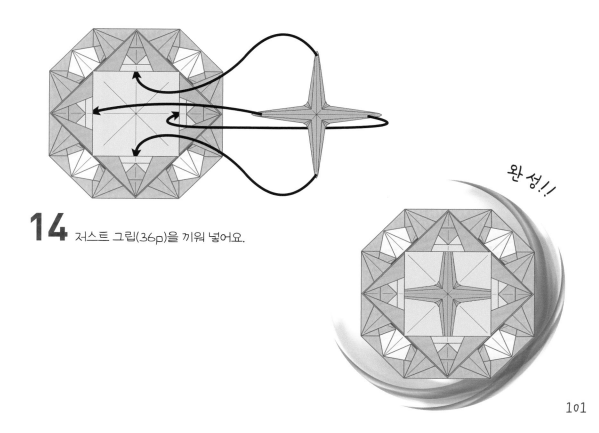

14 저스트 그립(36p)을 끼워 넣어요.

완 성!!

헤스티아

썬더 퓨리

타나토스

쇼크웨이브

메두사

글레이셔

01 헤스티아
Hestia

**주위를 따뜻하게 덥히는
화로의 여신, 헤스티아처럼
단아한 자태로 압/도/하/라**

공격력 ★★★★★
방어력 ★★★★☆
지구력 ★★★★★
균형감 ★★★★☆

프레임
함몰형

코어
기본형

메이저
그린

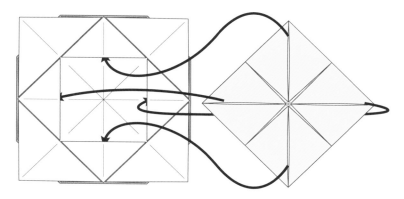

1 프레임 함몰형(14p)에
코어 기본형(19p)을 끼워 넣어요.

2 벌려 접었던 프레임 부분을
모두 펴서 덮어요.

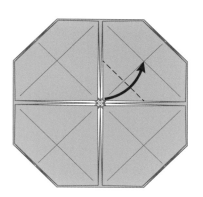

3 보조선이 만나는 곳에
맞춰 접어요.

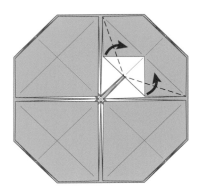

4 비스듬히 접어 올려요.

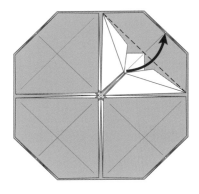

5 보조선을 따라 접어 넘겨요.

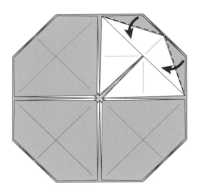

6 앞 겹 가장자리를 따라
접어 내려요.

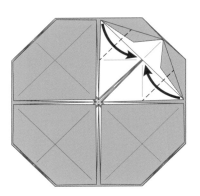

7 양끝을 모아 접어요.

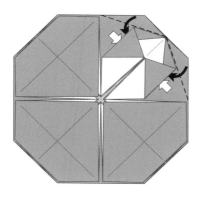

8 화살표 안쪽 틈으로 접어 넣어요.

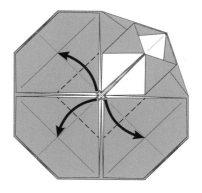

9 나머지 세 군데도 **3~8** 과정대로 접어요.

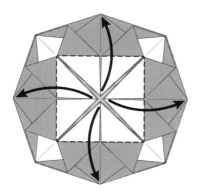

10 프레임을 밖으로 벌려 접어요.

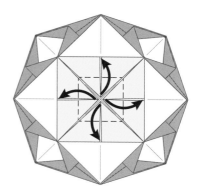

11 코어를 프레임 안쪽 경계에 맞춰 접어요.

12

코어를 밖으로 벌려 접어요.

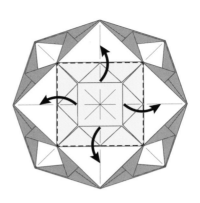

13 메이저 그립(33p)을 끼워 넣어요.

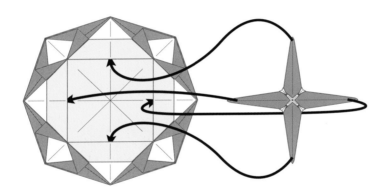

완 성!!

02
썬더 퓨리
Thunder Fury

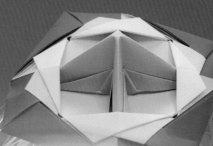

켜켜이 쌓인 구름을 뚫고
번쩍이는 불꽃과 굉음을 내며
격렬하게 등/장/하/다

공격력 ★★★★★
방어력 ★★★★★
지구력 ★★★★★
균형감 ★★★★★

프레임
전개형

코어
기본형

저스트
그립

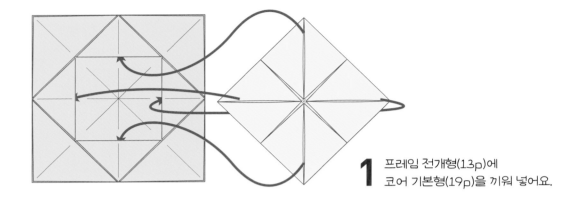

1 프레임 전개형(13p)에
코어 기본형(19p)을 끼워 넣어요.

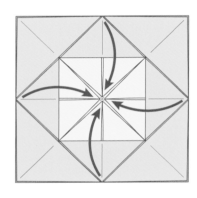

2 벌려 접었던 프레임 부분을 펴서 덮어요.

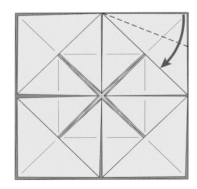

3 안쪽 가장자리에 맞춰
한꺼번에 접어요.

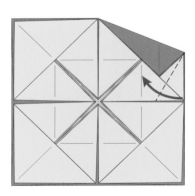

4 한 겹만 보조선에 맞춰 접어요.

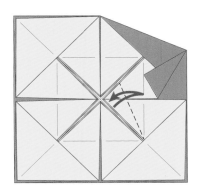

5 보조선에 맞춰 접었다 펴요.

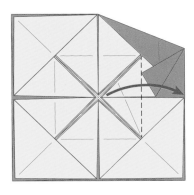

6 밖으로 벌려 접어요.

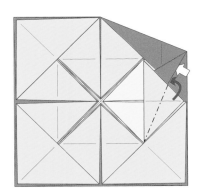

7 접었다 편 보조선대로 화살표 안쪽
틈으로 산 접기를 해요.

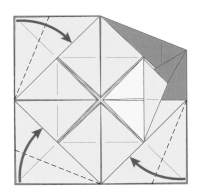

8 나머지 세 군데도 **3~7**
과정대로 접어요.

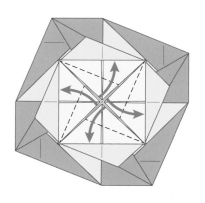

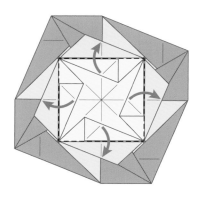

9 코어를 프레임 안쪽 경계에 맞춰 비스듬히 접어요.

10 코어를 밖으로 벌려 접어요.

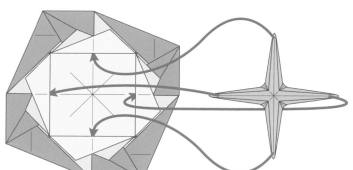

11 저스트 그립(36p)을 끼워 넣어요.

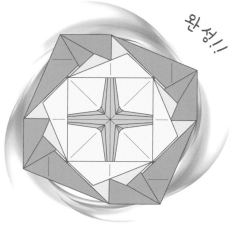

완성!!

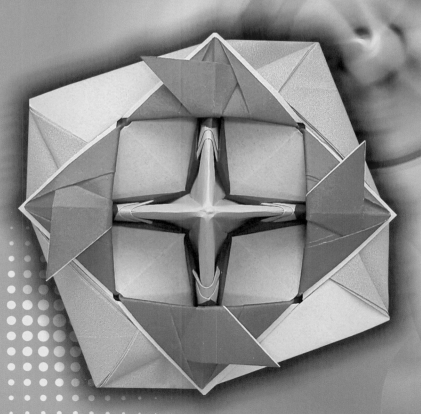

04 쇼크웨이브
Shockwave

날벼락 떨어진 듯
주변을 일순간 초토화하는
폭발적인 회 / 전 / 력

공격력 ★★★★★
방어력 ★★★★★
지구력 ★★★★★
균형감 ★★★★★

프레임
전개형

제트윙
코어

클램프
그립

117

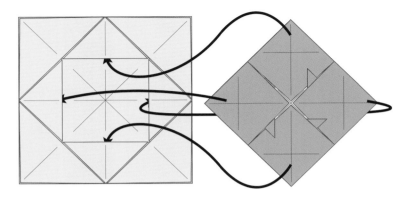

1 프레임 전개형(13p)에
제트윙 코어(23p)를 끼워 넣어요.

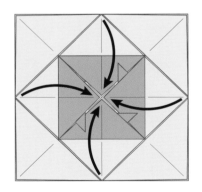

2 벌려 접었던 프레임 부분을
펴서 덮어요.

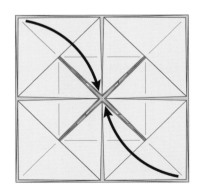

3 마주 보는 두 부분을
펴서 덮어요.

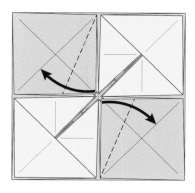

4 보조선에 맞춰 접어요.

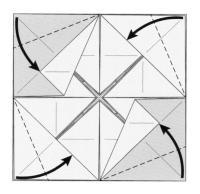

5 안쪽 가장자리에 맞춰
한꺼번에 접어요.

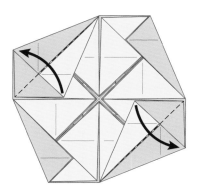

6 마주 보는 두 부분을 밖으로
벌려 접어요.

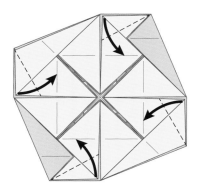

7 보조선에 맞춰 접어요.

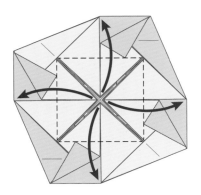

8 프레임을 밖으로 벌려 접어요.

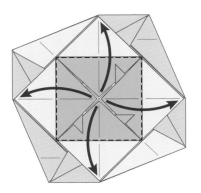

9 코어를 밖으로 벌려 접어요.

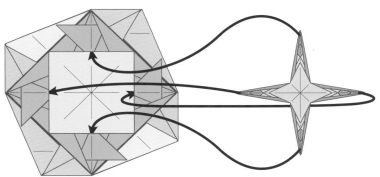

10 클램프 그립(32p)을 끼워 넣어요.

완성!!

05
메두사
Medusa

뱀을 머리카락으로 달고
눈을 마주친 누구라도
돌로 만드는 괴물, 메/두/사!

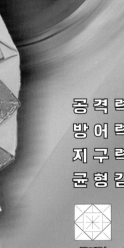

공격력 ★★★★☆
방어력 ★★★★★
지구력 ★★★★☆
균형감 ★★★★★

프레임
전개형

코어
기본형

저스트
그립

121

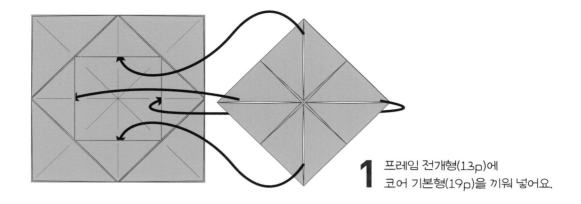

1 프레임 전개형(13p)에
코어 기본형(19p)을 끼워 넣어요.

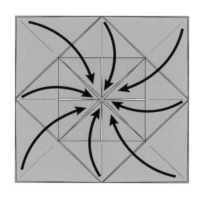

2 벌려 접었던 프레임 부분을 모두 펴서 덮어요.

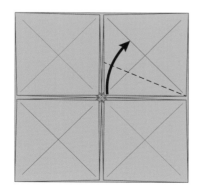

3 보조선에 맞춰 접어요.

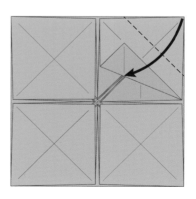

4 보조선 끝에 맞춰 접어요.

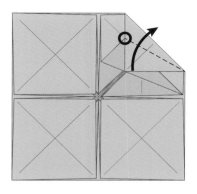

5 ○를 기준으로 밖으로 벌려 접어요.

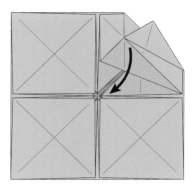

6 아랫겹을 펼쳐요.

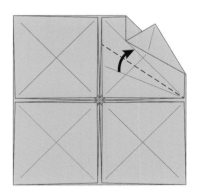

7 보조선끼리 만나도록 접어요.

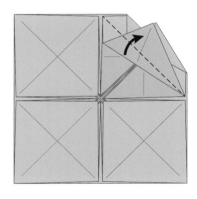

8 보조선을 따라 접어요.

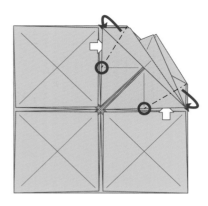

9 ○를 기준으로 뒤쪽 틈으로
산 접기를 해요.

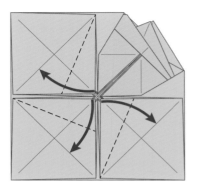

10 나머지 세 군데도 **3~9**
과정대로 접어요.

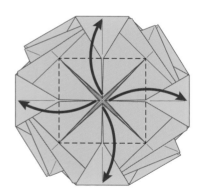

11 프레임을 밖으로 벌려 접어요.

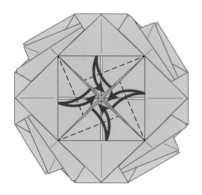

12 코어를 프레임 안쪽 경계에
맞춰 비스듬히 접었다 펴요.

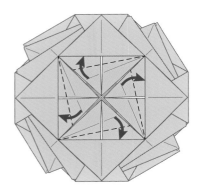

13 접었다 편 보조선이 프레임 안쪽 경계에 만나도록 접어요.

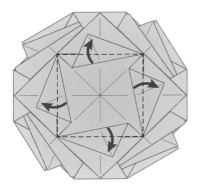

14 코어를 밖으로 벌려 접어요.

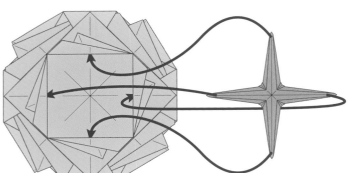

15 저스트 그립(36p)을 끼워 넣어요.

완성!!

125

06 글레이셔
Glacier

**억겁의 세월이 빚은
가장 차가운 아름다움, 빙하에
햇살이 부서져 내/리/다**

공격력 ★★★★☆
방어력 ★★★★★
지구력 ★★★★★
균형감 ★★★★★

프레인
함몰형

클램프
코어

메이저
그린

126

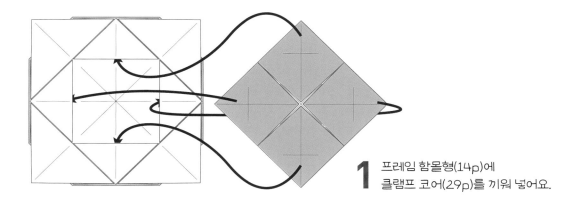

1 프레임 함몰형(14p)에
클램프 코어(29p)를 끼워 넣어요.

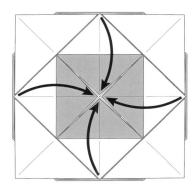

2 벌려 접었던 프레임 부분을
펴서 덮어요.

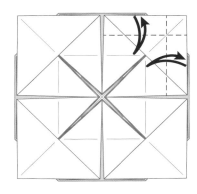

3 보조선에 맞춰 접었다 펴요.

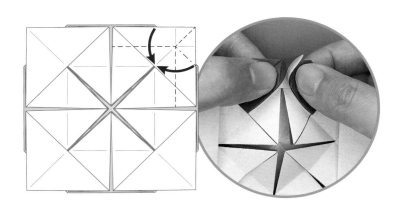

4
양쪽을 오므려서 튀어나온
부분을 오른쪽으로
넘겨 접어요.

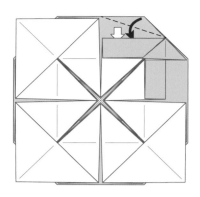

5 화살표 안쪽 틈으로 접어 넣어요.

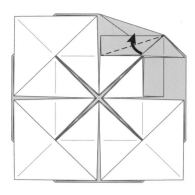

6 밖으로 벌려 접어요.

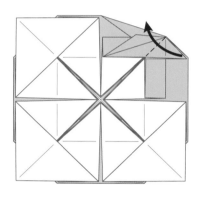

7

튀어나온 부분을 반대쪽으로
넘겨 접어요.

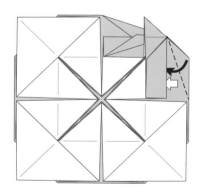

8 화살표 안쪽 틈으로 접어 넣어요.

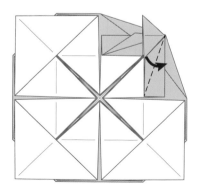

9 밖으로 벌려 접어요.

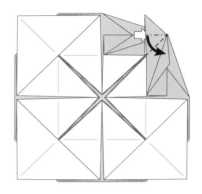

10 화살표 부분에 손가락을 넣어서 반대쪽으로 벌리며 눌러 접어요.

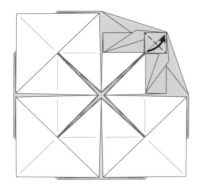

11 한 겹만 밖으로 벌려 접어요.

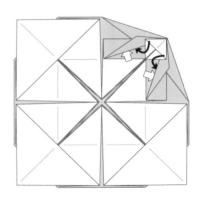

12 벌려 접은 부분을 화살표 안쪽 틈으로 집어넣어요.

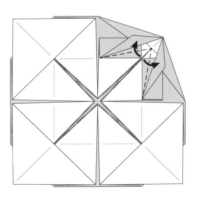

13 밖으로 벌려 접어요.

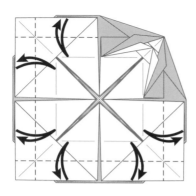

14 나머지 세 군데도 **3~13** 과정대로 접어요.

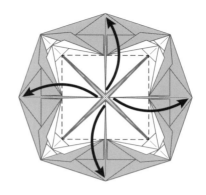

15 프레임과 코어를 한꺼번에 밖으로 벌려 접어요.

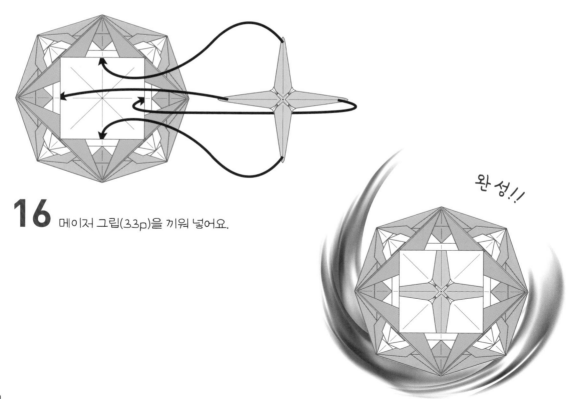

16 메이저 그립(33p)을 끼워 넣어요.

완 성!!

PART 4
밸런스형

드래곤 로드

드래곤 워리어

케라톱스

스피어 버스터

아킬레우스

스프라이트

01 드래곤 로드
Dragon Lord

가시 돋친 날개,
한껏 치켜세운 발톱으로
드래곤을 평/정/하/다

공격력 ★★★★★
방어력 ★★★★★
지구력 ★★★★★
균형감 ★★★★★

프레임
전개형

제트윙
코어

메이저
그립

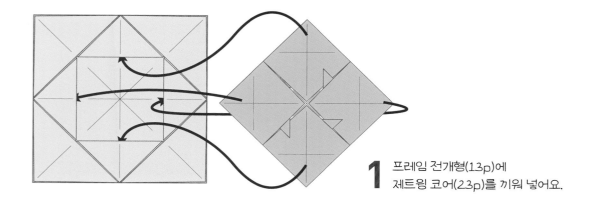

1 프레임 전개형(13p)에
제트윙 코어(23p)를 끼워 넣어요.

2 벌려 접었던 프레임 부분을 모두 펴서 덮어요.

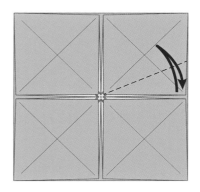

3 대각선에 맞춰 접었다 펴요.

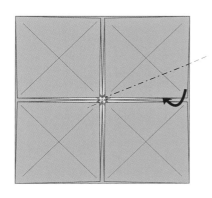

4 안으로 넣어 접어요.

133

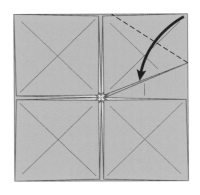

5 가장자리끼리 만나도록 접어요.

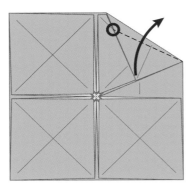

6 보조선과 가장자리가 만나는 O를 기준으로 밖으로 벌려 접어요.

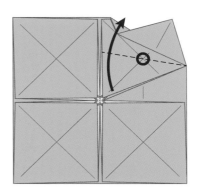

7 보조선이 만나는 O를 기준으로 밖으로 벌려 접어요.

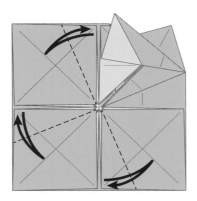

8 나머지 세 군데도 **3~7** 과정대로 접어요.

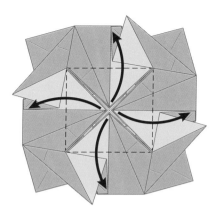

9 프레임을 밖으로 벌려 접어요.

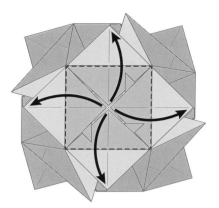

10 코어를 밖으로 벌려 접어요.

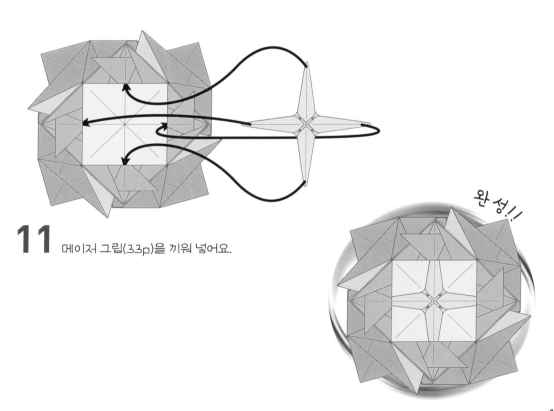

11 메이저 그립(33p)을 끼워 넣어요.

완성!!

135

02 드래곤 워리어
Dragon Warrior

드래곤 최고의 전사!
칠흑 같은 몸체 사이로
초록빛 안광을 내/뿜/다

공격력 ★★★★★☆
방어력 ★★★★★☆
지구력 ★★★★★☆
균형감 ★★★★★☆

프레임
전개형

제트윙
코어

클램프
그립

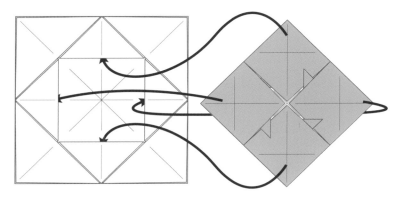

1 프레임 전개형(13p)에
제트윙 코어(23p)를 끼워 넣어요.

2 벌려 접었던 프레임 부분을
모두 펴서 덮어요.

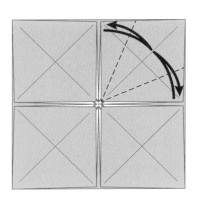

3 대각선에 맞춰 접었다 펴요.

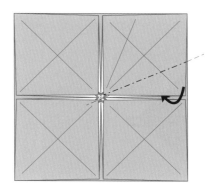

4 한쪽만 안으로 넣어 접어요.

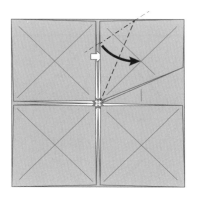

5 화살표 틈을 벌려 대각선 방향으로
눌러 접어요.

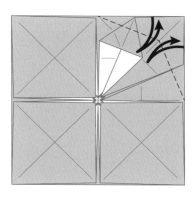

6 가장자리가 대각선 주름에
만나도록 접었다 펴요.

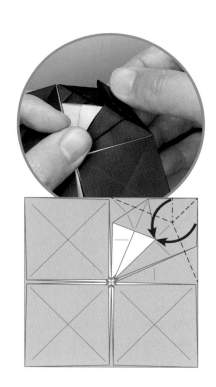

7 양쪽을 오므려서 튀어나온 부분을
왼쪽으로 넘겨 접어요.

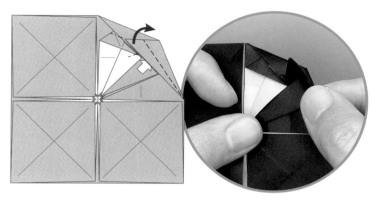

8 화살표 부분에 손가락을 넣어서 가장자리끼리
만나도록 벌리며 눌러 접어요.

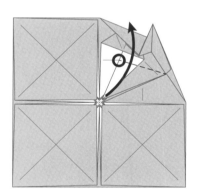

9 보조선과 가장자리가 만나는 **O**를
기준으로 밖으로 벌려 접어요.

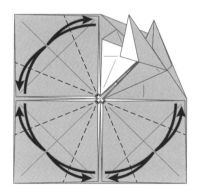

10 나머지 세 군데도 **3~9**
과정대로 접어요.

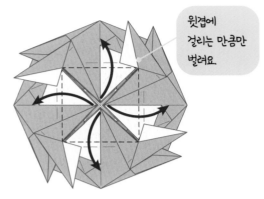

윗겹에
걸리는 만큼만
벌려요

11 프레임을 밖으로 벌려 접어요.

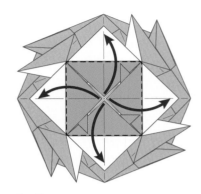

12 코어를 밖으로 벌려 접어요.

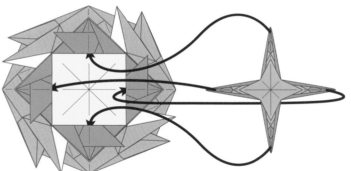

13 클램프 그립(32p)을 끼워 넣어요.

완성!!

03 케라톱스
Ceratops

뿔 달린 얼굴, 케라톱스!
수억 년 시간을 넘어
화려한 뿔로 귀/환/하/다

공격력 ★★★★☆
방어력 ★★★★★
지구력 ★★★★★
균형감 ★★★★★

프레임
전개형

블렌더
코어

터스크
그립

141

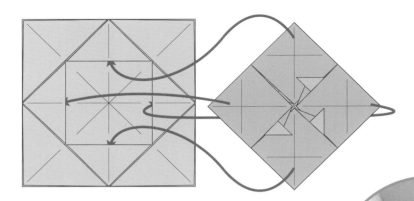

1 프레임 전개형(13p)에
블렌더 코어(20p)를 끼워 넣어요.

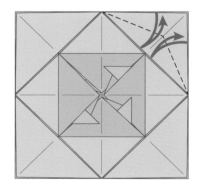

2 한 겹만 안쪽 가장자리에
맞춰 접었다 펴요.

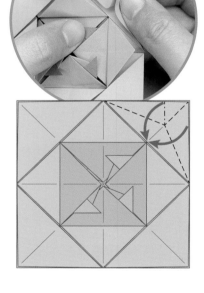

3 양쪽을 오므려서 튀어나온 부분을
왼쪽으로 넘겨요.

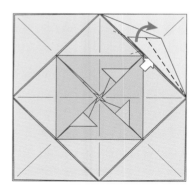

4 화살표 부분에 손가락을 넣어서 가장자리끼리
만나도록 벌리며 눌러 접어요.

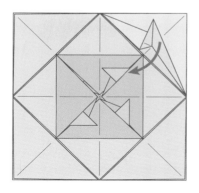

5 가운데 방향으로 덮어요.

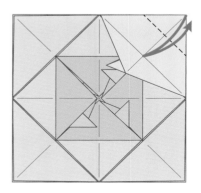

6 보조선이 만나는 곳에 맞춰
접었다 펴요.

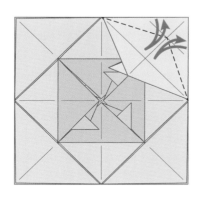

7 보조선이 만나는 곳을
기준으로 접었다 펴요.

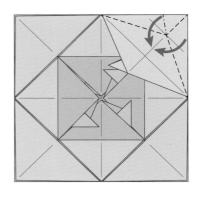

8 양쪽을 오므려서 튀어나온 부분을
왼쪽으로 넘겨요.

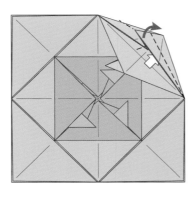

9 화살표 부분에 손가락을 넣어서 가장자리끼리
만나도록 벌리며 눌러 접어요.

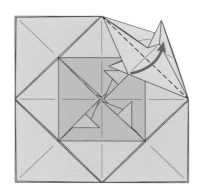

10 바깥 방향으로 다시 넘겨요.

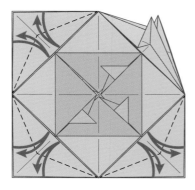

11 나머지 세 군데도 2~10
과정대로 접어요.

12

코어를 밖으로 벌려 접어요.

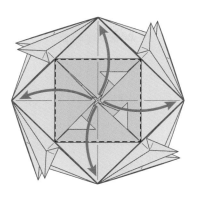

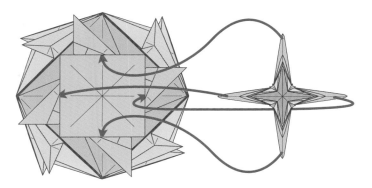

13 터스크 그립(39p)을 끼워 넣어요.

완성!!

04 스피어 버스터
Spear Buster

사방으로 내뻗은 창이
허공을 가로지르며
위협적인 회전을 선/보/이/다

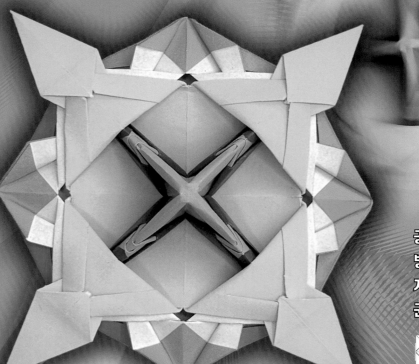

공격력 ★★★★★
방어력 ★★★★★
지구력 ★★★★★
군형감 ★★★★★

프레임
함몰형

스피어
코어

클램프
그립

146

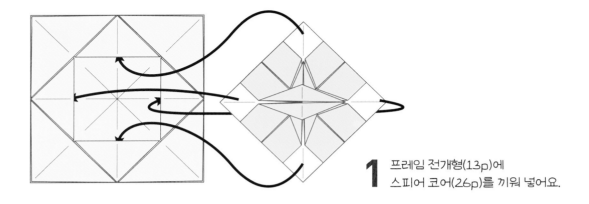

1 프레임 전개형(13p)에
스피어 코어(26p)를 끼워 넣어요.

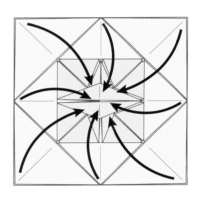

2 벌려 접었던 프레임 부분을 모두 펴서 덮어요.

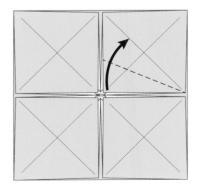

3 보조선에 맞춰 접어요.

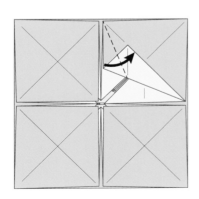

4 보조선에 맞춰 접어요.

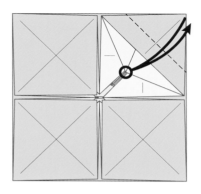

5 모서리가 〇에 만나도록
접었다 펴요.

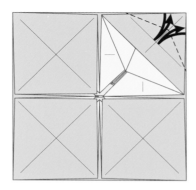

6 보조선에 맞춰 접었다 펴요.

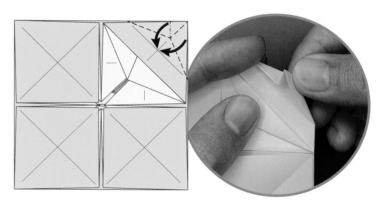

7 양쪽을 오므려서 튀어나온 부분을
왼쪽으로 넘겨요.

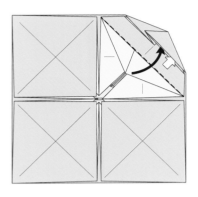

8 화살표 안쪽 틈으로 집어넣어요.

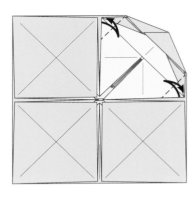

9 윗겹을 접었다 펴요.

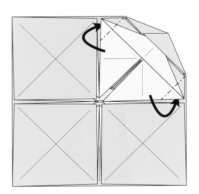

10 뒤쪽 틈으로 산 접기를 해요.

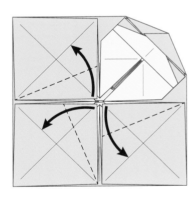

11 나머지 세 군데도 **3~10**
과정대로 접어요.

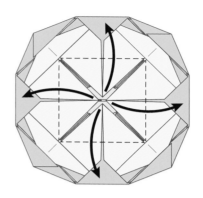

12 프레임을 밖으로 벌려 접어요.

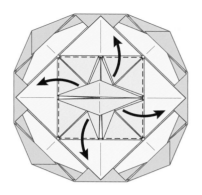

13 코어를 밖으로 벌려 접어요.

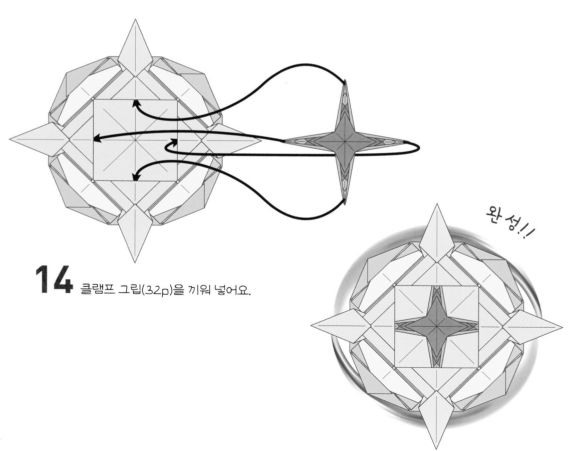

14 클램프 그립(32p)을 끼워 넣어요.

완 성!!

스프라이트
Sprite

정령을 닮은 모습으로 나타나
초록빛 후광을 남기고 사라지는
구름 위의 번개, 스/프/라/이/트

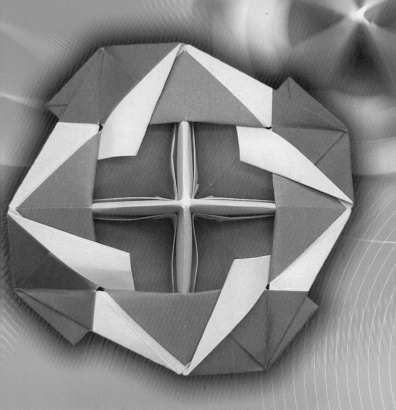

공격력 ★★★★☆
방어력 ★★★★★
지구력 ★★★★☆
균형감 ★★★★★

프레임
전개형

코어
기본형

저스트
그립

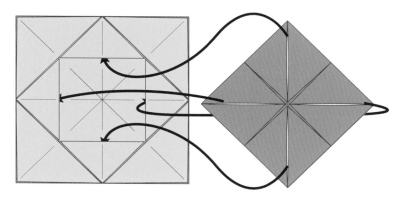

1 프레임 전개형(13p)에
코어 기본형(19p)을 끼워 넣어요.

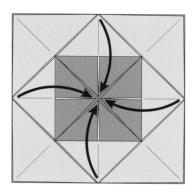

2 벌려 접었던 프레임 부분을
펴서 덮어요.

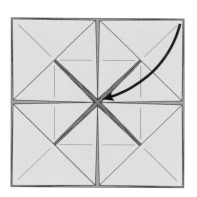

3 한 겹을 덮어요.

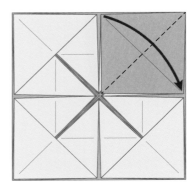

4 시계 방향으로 넘겨요.

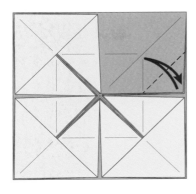

5 대각선에 맞춰 한 겹만
접었다 펴요.

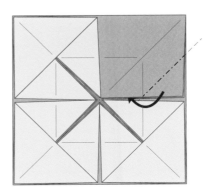

6 안으로 넣어 접어요.

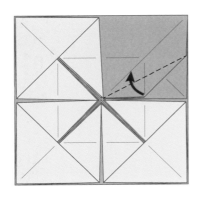

7 한 겹만 대각선 방향으로
접어요.

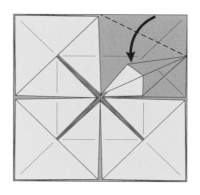

8 접기선을 따라 접어요.

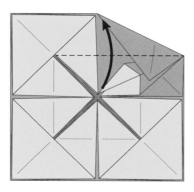

9 두 겹을 한꺼번에 접어요.

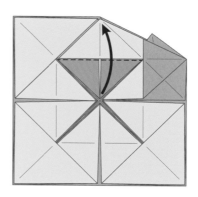

10 코어를 밖으로 벌려 접어요.

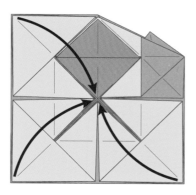

11 나머지 세 군데도 **3~10**
과정대로 접어요.

12

프레임을 코어 안쪽 틈으로
비스듬히 접어 넣어요.

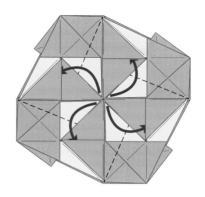

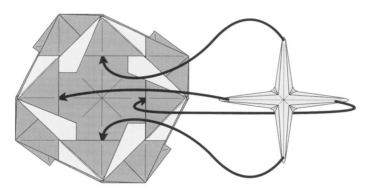

13 저스트 그립(36p)을 끼워 넣어요.

완성!!

PART 5
특수형

그랜드 블레이드

그랜드 윙

그랜드 스피어

그랜드 쉴드

그랜드 스톰

그랜드 해머

01 그랜드 블레이드
Grand Blade

그랜드 프레임의 등장!
가장 단순한 모양으로
더 나은 성능을 추/구/한/다!

공격력 ★★★★★
방어력 ★★★★★
지구력 ★★★★★
균형감 ★★★★★

그랜드
프레임

코어
기본형

지스트
그립

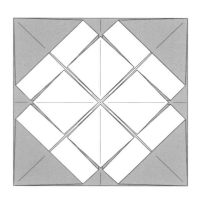

1 그랜드 프레임(16p)을 접어요.

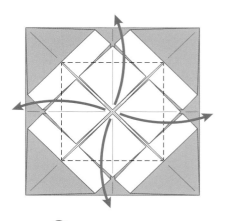

2 밖으로 벌려 접어요.

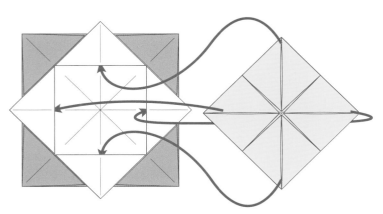

3 코어 기본형(19p)을 끼워 넣어
요.

4

코어를 밖으로 벌려 접어요.

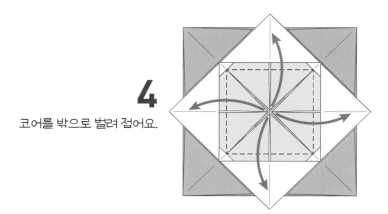

5 저스트 그립(36p)을 끼워 넣어요.

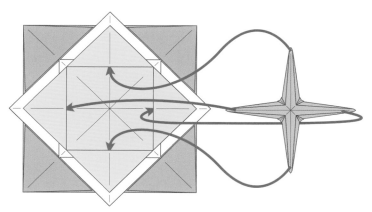

완성!!

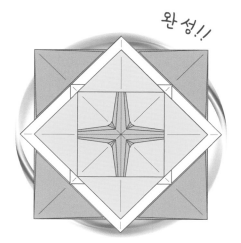

그랜드 윙
Grand Wing

날개 위에 또 날개!
바람을 거슬러 돌아가는
바람개비의 대/변/신

공격력 ★★★★☆
방어력 ★★★★★
지구력 ★★★★★
균형감 ★★★★★

그랜드
프레임

제트윙
코어

저스트
그립

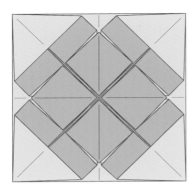

1 그랜드 프레임(16p)을 접어요.

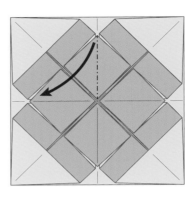

2 사각 주머니를 펼쳐 한쪽으로 넘겨요.

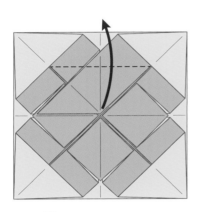

3 밖으로 벌려 접어요.

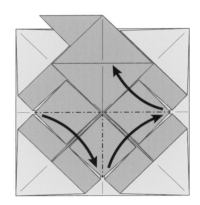

4 나머지 세 군데도 **2~3** 과정대로 접어요.

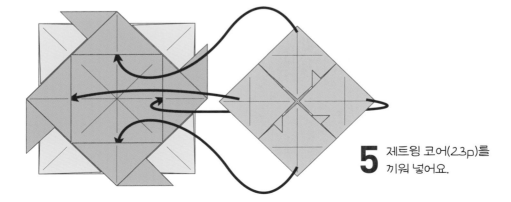

5 제트윙 코어(23p)를 끼워 넣어요.

166

6

코어를 밖으로
벌려 접어요.

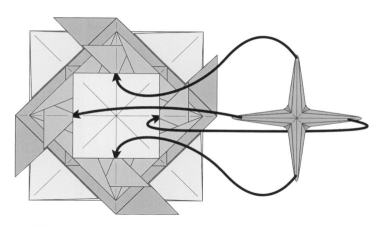

7 저스트 그립(36p)을 끼워 넣어요.

완성!!

그랜드 스피어
Grand Spear

잘라도 잘라도 되살아나는
불가사리를 닮았다!
승리를 보장하는 불/패/의/창!

공격력 ★★★★☆
방어력 ★★★★☆
지구력 ★★★★☆
균형감 ★★★★☆

그랜드
프레임

코어
기본형

메이저
그린

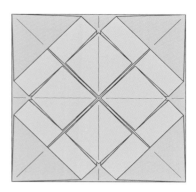

1 그랜드 프레임(16p)을 접어요.

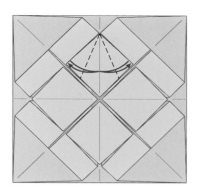

2 보조선에 맞춰 접었다 펴요.

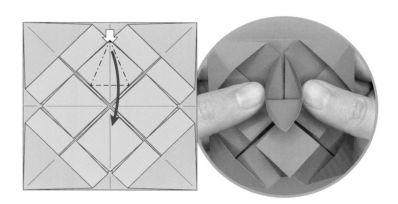

3 화살표 부분에 손가락을 넣어서 반대쪽으로 벌리며
눌러 접어요.

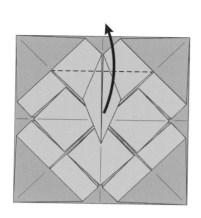

4 밖으로 벌려 접어요.

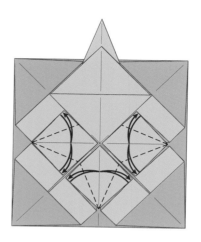

5 나머지 세 군데도 **2~4** 과정대로 접어요.

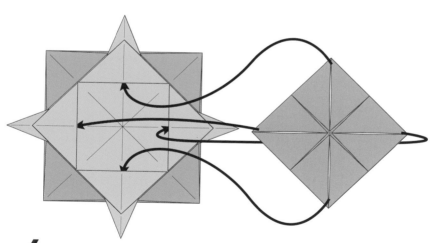

6 코어 기본형(19p)을 끼워 넣어요.

7

코어를 밖으로 벌려 접어요.

8 메이저 그립(33p)을 끼워 넣어요.

완성!!

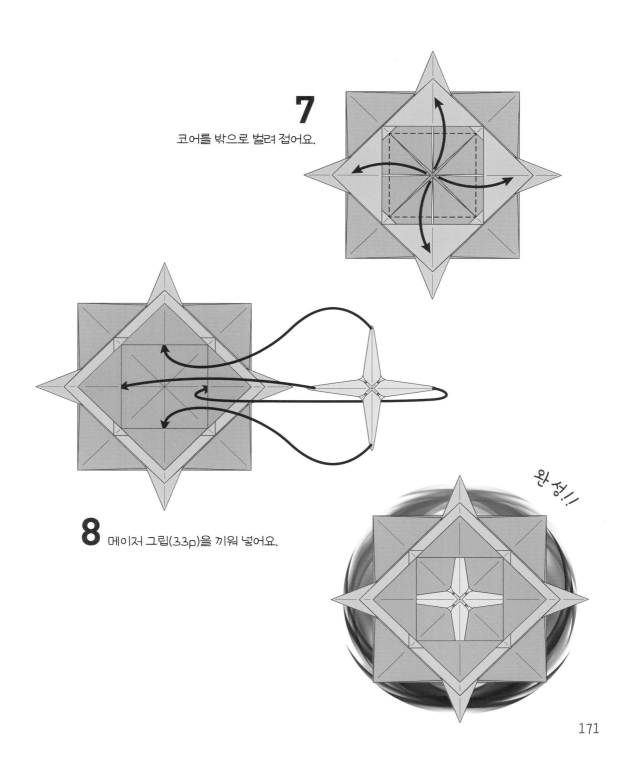

04 그랜드 쉴드
Grand Shield

세상 어떤 창검도
이 방패 앞에서 멈춘다!
공격 의지마저 무/력/화!

공격력 ★★★★☆
방어력 ★★★★★
지구력 ★★★★★
균형감 ★★★★☆

그랜드
프레임

코어
기본형

클램프
그립

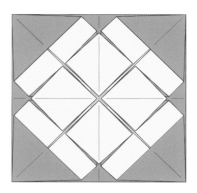

1 그랜드 프레임(16p)을 접어요.

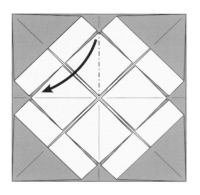

2 사각 주머니를 펼쳐
한쪽으로 넘겨요.

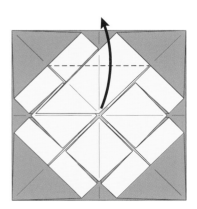

3 밖으로 벌려 접어요.

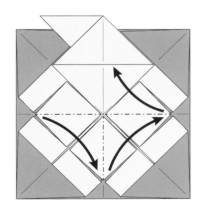

4 나머지 세 군데도 **2~3**
과정대로 접어요.

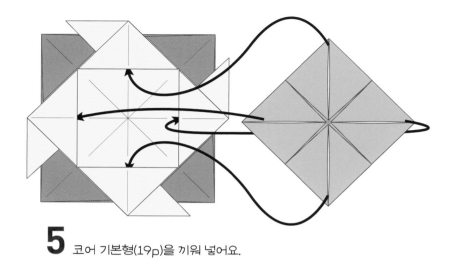

5 코어 기본형(19p)을 끼워 넣어요.

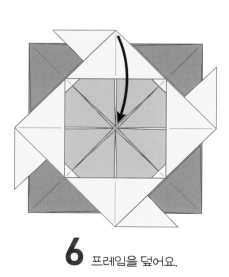

6 프레임을 덮어요.

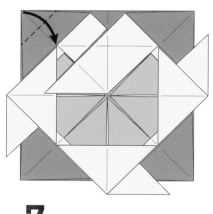

7 안쪽 가장자리에 맞춰 접어요.

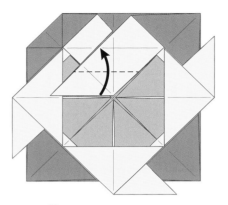

8 보조선에 맞춰 접어요.

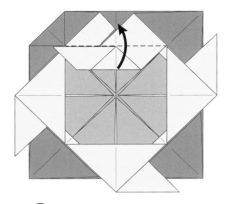

9 프레임을 밖으로 벌려 접어요.

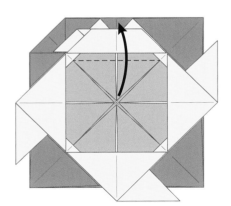

10 코어를 밖으로 벌려 접어요.

11

나머지 세 군데도 **6~10**
과정대로 접어요.

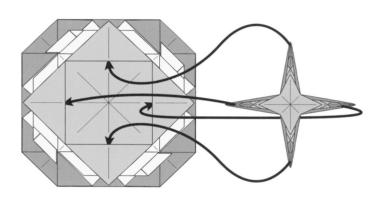

12 클램프 그립(32p)을 끼워 넣어요.

완성!!

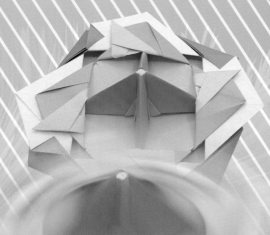

05 그랜드 스톰
Grand Storm

한바탕 폭풍을 뚫고
거침없이 전진하라
거침없이 쇄/도/하/라

공격력 ★★★★☆
방어력 ★★★★★
지구력 ★★★★★
균형감 ★★★★★

그랜드   블렌더   메이저
프레임   코어   그립

177

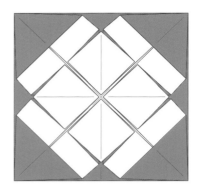

1 그랜드 프레임(16p)을 접어요.

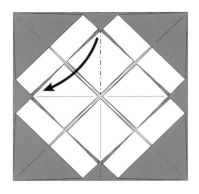

2 사각 주머니를 펼쳐
한쪽으로 넘겨요.

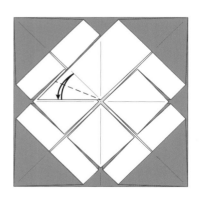

3 보조선에 맞춰 접었다 펴요.

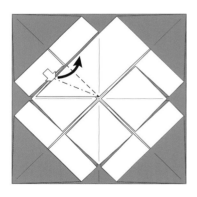

4 화살표 부분에 손가락을 넣어서
반대쪽으로 벌리며 눌러 접어요.

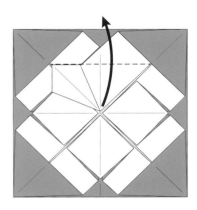

5 밖으로 벌려 접어요.

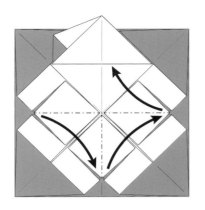

6 나머지 세 군데도 **2~5**
과정대로 접어요.

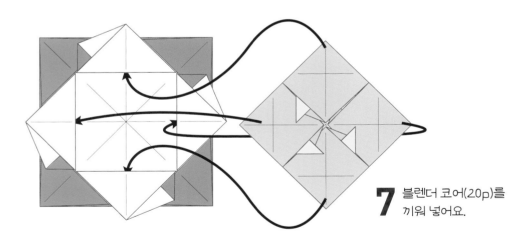

7 블렌더 코어(20p)를
끼워 넣어요.

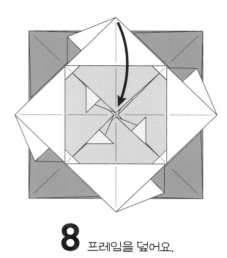

8 프레임을 덮어요.

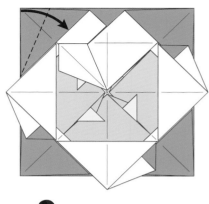

9 가장자리에 맞춰 접어요.

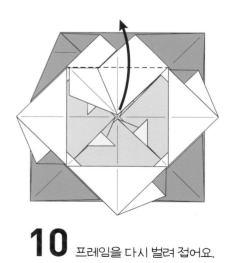

10 프레임을 다시 벌려 접어요.

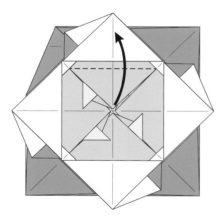

11 코어를 밖으로 벌려 접어요.

12

나머지 세 군데도 **8~11** 과정대로 접어요.

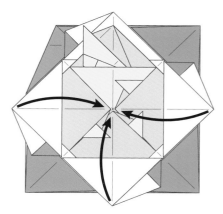

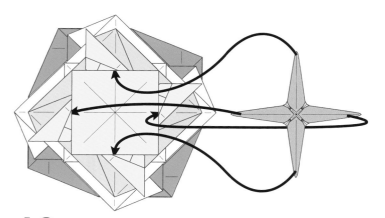

13 메이저 그립(33p)을 끼워 넣어요.

완성!!

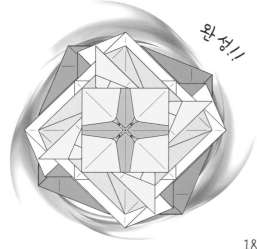

06 그랜드 해머
Grand Hammer

거대한 산을 평지로 만드는
북유럽 신화 속 망치처럼
더없이 막/강/하/게

공격력 ★★★★☆
방어력 ★★★★★
지구력 ★★★★☆
균형감 ★★★★☆

그랜드
프레임

클램프
코어

러스크
그립

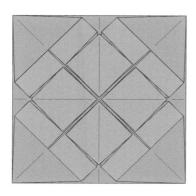

1 그랜드 프레임(16p)을 접어요.

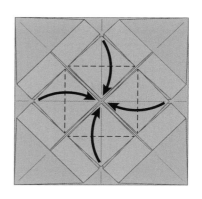

2 사각 주머니를 벌려
가운데로 접어요.

3 밖으로 벌려 접어요.

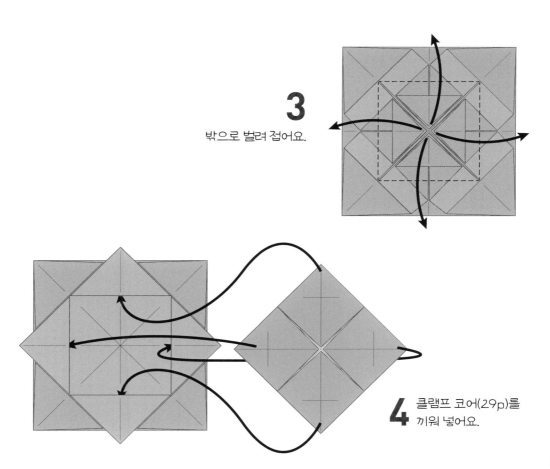

4 클램프 코어(29p)를
끼워 넣어요.

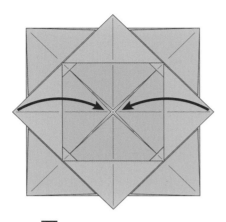

5 프레임의 양옆을 덮어요.

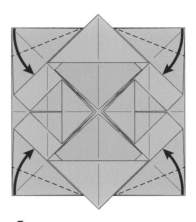

6 안쪽 가장자리에 맞춰 접어요.

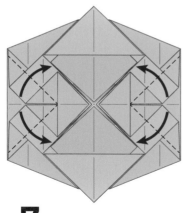

7 가장자리에 맞춰 접어요.

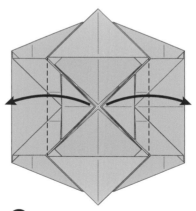

8 프레임을 양옆으로 벌려 접어요.

9

코어를 밖으로 벌려 접어요.

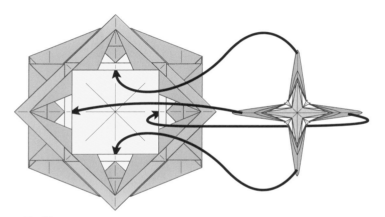

10 터스크 그립(39p)을 끼워 넣어요.

완성!!

팽이의 변신엔 끝이 없다! 신작 팽이 30종 공개!

네모아저씨의 페이퍼 블레이드 - 디럭스

ⓒ네모아저씨 이원표 2024

초판1쇄 발행 2024년 12월 6일
초판3쇄 발행 2025년 1월 16일

지은이 네모아저씨 이원표

펴낸이 김재룡
펴낸곳 도서출판 슬로래빗

출판등록 2014년 7월 15일 제25100-2014-000043호
주소 (04790) 서울시 성동구 성수일로 99 서울숲AK밸리 1501호
전화 02-6224-6779
팩스 02-6442-0859
e-mail slowrabbitco@naver.com
인스타그램 instagram.com/slowrabbitco

기획 강보경 **편집** 김가인 **디자인** 변영은 miyo_b@naver.com

값 15,000원
ISBN 979-11-93910-04-7 13630